别找替罪羊

如何跳出自欺欺人的思维盒子

美国亚宾泽协会 —— 著
王一冲 —— 译

LEADERSHIP AND SELF-DECEPTION | GETTING OUT OF THE BOX

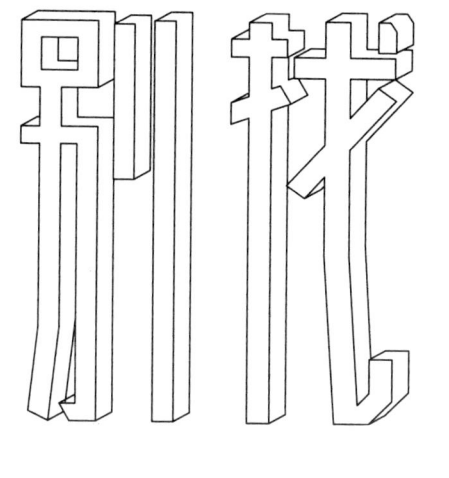

后浪

江西人民出版社
Jiangxi People's Publishing House
全国百佳出版社

目 录

前 言 1

第一部分 自我欺骗与思维盒子 1
1. 在解决问题之前 3
2. 找到问题 7
3. 自我欺骗 11
4. 隐藏在表象之下的问题 18
5. 真正的领导力 22
6. 把自己关进"盒子" 32
7. 把别人视为人还是物 42
8. 自我怀疑 50

第二部分 我们是如何困在盒子里的 57
9. 从"人的问题"开始 59
10. 盒子里与盒子外 63
11. 何为自我背叛 66
12. 自我背叛的特征 74
13. 盒子如何影响你的工作与生活 84

14. 共谋 94

15. 关注点有误 108

16. 盒子带来的麻烦 112

第三部分　如何跳出盒子 121

17. 看得见的改变 123

18. 盒子里的领导力 127

19. 跳出盒子 132

20. 无解的困境 135

21. 跳出盒子的方法 146

22. 盒子外的领导力 155

23. 领导力的诞生 165

24. 重新起航 168

跳出盒子的实践 177

译后记 189

前 言

长期以来，自我欺骗这个概念仅仅被一些深刻的哲学家和潜心研究人文学的学者所关注。普通大众对这个概念一无所知。如果自我欺骗并没有触及我们生活的方方面面，它本来无关痛痒。或许，"触及"这个词还不足以表述其重要性。自我欺骗实际上决定了我们生活的方方面面。它如何影响了我们的生活？它影响了哪些方面？它能在多大程度上决定我们的人生？本书讨论的就是这些问题。

为了能让大家迅速地了解这个问题，让我们看看这个类比：一名婴儿正在学习如何爬行。她在房子里费力地爬行，一不小心被卡在了家具下面。婴儿开始大哭，头不停地撞击着家具的底部。她被困住了，现在的处境让她感到极不舒服。她现在唯一能做的事情就是让自己赶紧逃离这个困境——她更用力地摇头蹬腿，但却越陷越深。她更加动弹不得了。

如果这个婴儿会说话，她一定会把麻烦怪罪到家具上。毕竟，她已经做了所有能做的事，责任不在她。但问题确实是她自己造成的，即使她自己并不明白。面对问题，婴儿本能地做出了反应，然而她没有发现自己才是问题。在这种情况下，什么都不做反而是一种解决方法。

自我欺骗就是这样。它让我们看不清事情的真相，一旦我们开始盲目，所有的"解决方案"都只能让事情变得更糟。不管是在工作上还是生活中，自我欺骗蒙蔽了我们的双眼，模糊了我们对他人和环境的判断，让我们不能做出明智且有效的决策。自我欺骗一步步消耗了我们理智和幸福感，它与"家具"无关。

这本书的写作目的，是帮助人们解决"自我欺骗"这个核心问题。根据我们的经验，自我欺骗及其解决方式已使很多人深受启发。人们借此开阔视野，坚定信念，重燃希望，增进互信，更好地发挥潜能、达成目标，满足感和幸福感也增强了。如今，无论是纽约的企业家、日本的政治家，还是巴西的亲职团体，他们都能发现这本书的精妙之处。因为每个文明社会中的成员都会或多或少地受困于来自个人和社会的"自我欺骗"，而找到摆脱自我欺骗的方法，就有了解决问题的可能，也便有了前进的方向。

本书初版于2000年，并于2002年再版，您手上的是这本书的最新版。在这一版中，除了修订原有内容，我们还在结尾撰写了一章新内容，介绍过去10年全球读者实践本书理念的一些心得体会。一开始，有些读者会惊奇地发现这本书读起来像本小说。尽管故事是虚构的，但很多情节来自我和客户的亲身经历，有着很强的现实意义。很多读者告诉我们，他们在这本书中看到了自己。这本书并不仅仅展现了自我欺骗这个概念，更提供了解决自我欺骗的实际方案。正因为如此，《别找替罪羔羊》被翻译成为20多种语言，畅销全球。而我们的另一本畅销书《剖析宁静》，也是根据《领导与自欺》中的理念和故事延伸而来。无论是单本，还是系列，这些书籍都能让读者以一种全新的视角去看待生活和工作，帮助他们发现那些"认为是别人的问题"的问题。

我们希望，对自我欺骗这个概念的梳理和解答可以改变人们的工作和生活——用不同的视角去看待自己和他人、解决本不想解决的问题，提高仍需改进的地方。

1．在解决问题之前

那是一个明媚的夏日早上，时针即将指向9点，我正匆忙奔向新单位查格茹公司参加一个最重要的会议。穿过郁郁葱葱的林荫大道时，我想起两个月前自己第一次踏入这家隐蔽的、校园风格的公司总部，去应聘一个高级管理职位的经历。过去的十多年里，我一直在查格茹公司的一个竞争对手那里任职，默默地关注着查格茹公司的发展，厌倦了一直被甩在后面屈居第二。八次面试过后，我又在不断的自我质疑中苦等了三个星期，终于受聘为查格茹某条生产线上的业务负责人。

四个星期后的今天，我要去参加查格茹公司久负盛名的高层任职特别仪式：和执行副总裁巴德·杰斐逊为期一天的会面。巴德是公司总裁凯特·斯特纳鲁德的得力助手，是她最信任的人。而高管内部的一次职务调整，让巴德先生即将成为我的新上司。

我曾试图打听这个会面会发生什么，但同事的话反而让我更加疑惑。他们提到了一个发现，这个发现可以解决"人的问题"，没人真正关注会谈的结果，以及"巴德会谈"蕴涵着让查格茹公司取得巨大成功的神奇秘密。我一头雾水，迫不及待地想和新上司见面，给他留个好印象。

初见巴德，我有些吃惊。他50来岁，看起来很年轻，行事风格却有些怪异：他很富有，却开着一辆没有毂盖的经济适用车；他高中辍学，却以最高荣誉拿到了哈佛大学的管理和法学学位；他对艺术有着超乎寻常的鉴赏力，却又深深着迷于披头士。尽管他充满矛盾，又或正因如此，巴德如同偶像一般，受到全公司的爱戴。

从我位于8号楼的办公室走到中央大楼大厅需要10分钟，途经一条连接查格茹公司十座建筑物的小路。这条小路静静地蜿蜒在凯特小溪的河岸，沿途点缀着橡树和枫树。这条风景如画的小溪，是按照凯特·斯特纳鲁德的想法建造的，被员工亲切地称为"凯特小溪"。

我沿着中央大楼的悬挂式楼梯一步步走上三楼，忍不住回顾自己这个月在查格茹公司的表现：我几乎永远都是最早来，最晚走。我自认为全心投入工作，几乎没有被外界打扰过。尽管妻子经常抱怨我不理家事，我却立志要超越每个可能的竞争对手——我要比那些同事更努力，更优秀。想到这里，我满意地对自己点了点头。我没有什么好担心的，对于这次会面，我信心满满。

踏入三楼大厅时，巴德先生的秘书玛丽亚热情地迎接了我："你一定是汤姆·卡勒姆吧！"

"是的，谢谢您。我和巴德先生预约了9点见面。"我说。

"巴德先生让我转告你，麻烦你在东边的会议室等一会。他5分钟后到。"玛丽亚带领我穿越走廊，来到一个宽敞的会议室。

我走向巨大的落地窗，从康涅狄格树丛的婆娑绿影中欣赏着公司的全貌。一两分钟后，响起了一阵轻快的敲门声，巴德先生走了进来。

"你好汤姆，欢迎！"巴德先生愉快地微笑着和我握手，"快请坐！想喝点什么？咖啡，还是果汁？"

"不用，谢谢。"我回答道，"今天早上我喝的东西挺多。"

我在旁边的黑皮椅子上坐下，背对着窗户，看着巴德先生去角落里的侍酒区接水。过了一会，他端着一个大水瓶和两个空杯子回来，把这些东西放在我们之间的桌子上。"这里有时候很热。早上我们要做的事情很多。别客气，想喝水就自己倒。"

"谢谢。"我结结巴巴地说道。这个举动让我既感激又困惑，我不知道他到底想说什么。

"汤姆，"巴德突然说道，"我今天让你过来，是有一件重要的事情要做。"

"哦。"我假装平静地回答，试图掩饰自己的焦虑。

"你身上存在着一个问题—— 想继续留在查格茹，你就必须解决它。"

听到这话，我的胃像被人重重捶了一拳。我试图用些得体的话语回应或者至少发出些声音，但是我的大脑却在飞快运转，什么话也说不出来。那一瞬间，我清楚地听到了自己的心跳，我的脸庞正在失血。

尽管我也曾在职场上取得成功，但我一直有个缺点——情绪特别容易波动。我曾经试着去训练，让面部和眼睛周围的肌肉放松，这样就不会把突如其来的情绪波动瞬间暴露出来。现在，我的脸已经学会不去理会怦怦直跳的心脏，不然我就又会成为那个畏畏缩缩的三年级学生——每次老师改完作业，我都紧张得满头大汗，期待能够得到"优秀"的评语。

最终，我故作镇定地问："问题？你说的是什么问题？"

"你真的想知道吗？"巴德先生问道。

"我不知道。但是听你的口气，我觉得我应该知道。"

"是的，"巴德先生点点头，"你应该知道。"

2．找到问题

"你有个很大的问题，"巴德先生继续说道，"你的同事知道，你的妻子知道，你的岳母也一定知道。我敢打赌，甚至连你的邻居也知道，"虽然略带嘲讽，巴德先生仍然笑容可掬，"问题的关键就在于你并不知道。"

我吃了一惊。如果我毫无知觉，我该怎么发现自己存在的问题呢？"我很抱歉，但是我并不明白您的意思。"我试着让自己冷静下来。

"首先，想想这么几件事吧，"巴德先生说，"回想一下你有没有出现过这种情况，你本应该在把车交给妻子之前加满汽油，但你却觉得她给汽车加油轻而易举，于是直接开着一辆油箱空空的车回家了？"

我想了想说："我想我应该这样做过吧。"但是这又代表什么呢？我在心里默默问道。

"你有没有答应过孩子要带他们去公园玩，却在临行前的最后一刻用蹩脚的理由推脱掉，只是因为想到了其他更想做的事情？"

我开始想到我的儿子——托德。我确实很少花时间陪他出去玩。但我认为这并不完全是我的责任。

"又或是类似的一些事情，"巴德继续说着，"你带孩子们去他们想去的地方时，你有没有让他们产生负罪感，让他们觉得自己给你添了麻烦？"

是啊，但至少我带他们去了。我在心里默默说道。这难道还不够吗？

"还有，你把车停在残疾人专用车位的时候，有没有假装跛行，这样人们就会完全相信你确实有残疾？"

"我从来没有做过这种事。"我非常坚定地为自己辩解。

"没有吗？那你有没有把车停在不应该停的地方，匆忙跑下车，好像你有什么特别重要的事情，才让你不得不在这里停车？"

我有些烦躁，不太舒服地回答："也许有过吧。"

"又或者，你曾经让你的同事去做一件可能会惹上麻烦的事，而你明明可以轻易地警告他，或者阻止他？"

我沉默了。

"说到工作，"巴德继续说道，"你有没有刻意地隐藏一些重要信息，即使你明明知道这些信息对你的同事来说非常重要？"

我不得不承认，我确实做过这样的事。

"你是否对身边的人有过不满？你是否责骂过他们的懒惰和无能？"

"我不知道那是否算责骂。"我弱弱地说道。

"那么，当你觉得别人不够称职的时候，你又是怎么做的呢？"巴德问我。

我耸耸肩："我会试着让他们在其他方面做出改变。"

"所以你只是用所谓的善意和谎话放任这些不称职的人，好让他们能够按照你的意愿去工作？即使你从心里看不起他们？"

我不觉得巴德的话是对的。"事实上，我认为我已经尽可能恰当地对待我的员工了。"我抗议道。

"我相信你是这样做的，"巴德说，"但是，让我来问你一个问题。当你说自己恰当地对待这些员工的时候，你的心里是怎么想的呢？你心里是否觉得他们确实有问题？"

"我不知道你想说什么。"我有些迟疑地回答道。

"呃，我的意思是，你是否觉得自己不得不'忍受'这些人？坦率说，你是否觉得，在被这些人困扰的时候，你必须非常努力地扮演一个成功的领导者？"

"被困扰？"我故意装作不知，想拖延一点时间来思考。

"是的，你知道我的意思。"巴德看着我说，脸上保持着微笑。

事实上，我确实知道巴德的意思，但我却不认同他话中的深意。我快速搜寻着站得住脚的理由来为自己辩护。"好吧，我确实会觉得有的员工既懒惰又无能，"我终于做出了回答，"但你的意思是我错了，没有人懒惰无能？"我在"没有人"这个词上不由自主地提高了音量，而这让我非常懊恼——我并不想展现出自己的挫败感。

巴德摇了摇头："完全不是这样。我并不是在说其他人，我是在说你，汤姆。这是我唯一关心的。"他沉思了一会，接着说："面对这些你认为既懒惰又无能的员工，你是怎么做的呢？"

我想了想，说："看情况吧。有时我会非常生气地训斥他们。有些人对此无动于衷，于是我只好用其他方法。对有些人，我会好言相劝；对另一些人，我则会耍点心机。我已经学会用微笑面对大多数人。这也许有用吧。我觉得我真的尽力了。"

巴德点了点头："我理解你的话，但我相信今天之后，你一定会有些不同的想法。"

这句话让我心神不宁。"我做错了什么吗？"我小心地试探道。

"问题就在于你并没有'恰当地对待'他们。你在不知不觉中伤害了他们。"

"伤害？"我重复了一遍，突如其来的焦躁让我的脸瞬间红了。我试图控制自己的情绪，缓缓说道，"你必须解释清楚。"这句话太挑衅了，连我听起来都有些刺耳，我的脸更红了。

"我很乐意给你解释，"巴德仍然那么镇定，"我会帮助你发现自己的问题——并且找到解决的方法。这就是我们见面的原因。"他停顿了一下，又补充了一句，"我愿意帮助你，是因为我也有同样的问题。"

巴德从椅子上站起来，开始沿着桌子踱步："首先，你必须了解人文学的中心问题。"

3．自我欺骗

"汤姆，你有孩子，对吗？"

终于听到了一个简单的问题，我忍不住松了一口气，发热的脸重新恢复了正常。"是的，我有一个儿子名叫托德，今年16岁。"

"你还记得他出生时你的感受吗？你是否觉得，你的人生会就此改变？"巴德看着我问道。

我沉浸到旧时的记忆中，带着心碎和痛苦回忆起多年前的往事。托德很小就被诊断患有多动症，他是一个不太让人省心的孩子。我的妻子劳拉，经常会为了托德的教育问题与我发生争执。托德慢慢长大，但病情却更严重了。托德和我之间感情非常淡漠。但是因为巴德的问题，我不由得回忆起托德出生时的情景。"是的，我记得。"我略带哀伤地回忆，"我把他轻轻地抱在怀里，他小小的身体似乎寄托着我人生所有的希望。这种感觉是如此神奇，令人不安、不知所措，却又如此温馨、充满感恩。"这段甜美的记忆稍稍减轻了我现在的痛苦。

"我也是一样，"巴德说道，"你介意我和你分享我第一个孩子大卫的故事吗？"

"当然不介意。"在回忆自己的故事时,我也特别想听听别人的生活。

"那时我还是个年轻的律师,"巴德讲道,"在国内最负盛名的一家公司打拼。我负责一个重要的金融项目,关乎全世界30多个国家的银行,我们的客户是这笔交易中最大的贷方。

"这是一个非常复杂的项目,有很多律师参与其中。我是团队中第二年轻的成员,但却肩负着起草最重要的借贷合同里大约50条协议的艰巨任务。这是一个金额巨大、意义深远的国际项目,许多著名人士都参与了。

"在我被派到这个团队的第二个星期,南希就发现自己怀孕了。这对我们来说是一个非凡的时刻。大卫在8个月之后的12月16日出生了。为了能请三个星期的产假陪伴妻儿,我特意提前加倍完成工作。我的人生中从来没有如此幸福的时刻。

"但是,一个电话改变了一切。那是12月29日,一个合伙人给我打了个电话。我需要去旧金山参加一个'全员会议'。"

"要去多久呢?"我问道。

"直到这个项目结束——可能是三个星期,也可能是三个月。我们必须待在那里直到这个项目完成。"巴德回答道。

"我当时很崩溃。一想到要把南希和大卫孤零零地留在弗吉利亚,一想到要离开这个家,我就难过得要疯。我花了两天时间把华盛顿家里的事情安排好,不情愿地登上了去旧金山的飞机。在国家机场,我和妻儿告别,手中紧紧抓着全家福。我逼迫自己和他们告别,转身消失在航站楼里。

"到了旧金山办公室，我才发现自己是最后一个到的。从伦敦来的一位同事都比我到得早。我被安排在 21 楼剩下的最后一间客用办公室里，而项目决策层，包括其他同事，都在 25 楼。

"我开始潜心工作。大多数活动都发生在 25 楼，所有的会议、协商、讨论都在那里。只有我一个人在 21 楼工作，陪伴我的只有桌上那张全家福。

"我每天都从早上六点工作到半夜。一日三餐都是到楼下大厅的熟食店买百吉饼、三明治或者沙拉，买完就回到 21 楼，一边吃一边看文件。

"如果要问是什么支撑着我度过那段时间，我会告诉你，是类似于'努力起草可以最大程度上保护客户的文件，并尽快完成这个项目'这样的信念。但是我在旧金山的经历，其实还有另一面。

"所有重要的讨论都发生在 25 楼。这些在 25 楼的讨论对我来说都非常重要，因为每一个改变我都必须起草到文件中去。但我却不怎么去 25 楼。

"事实上，在楼下吃了 10 天快餐熟食后，我才发现原来 25 楼的大会议室每天都会准点给所有项目参与者供应饭菜。我很沮丧，因为没有人告诉我这些。在这 10 天里，我有两次因为没能在文件中及时加入最新进展而被严厉斥责。也没有人告诉我这些！有一次，我因为'总是找不到点子上'而被训斥。还有两次，合作伙伴负责人问我对某些问题的看法，但我从来没有听说过它们——这些问题明明由我来处理，而我却从来不知道它们的存在。他不应该越权替我做决定！"说到这里，巴德又靠回了椅子上。

"那么现在,汤姆,让我问你一个问题。听到这么多关于我在旧金山的故事,你觉得我真的在'努力起草可以最大程度上保护客户的文件,并尽快完成这个项目'吗?"

"没有,"我摇摇头,惊讶地发现自己竟然如此自然地批评了巴德·杰斐逊,"听起来你并没有全身心地投入到这个项目中。"

"是的,"巴德点点头,"我并没有全身心地投入。那你觉得这个项目负责人能看出来吗?"

"我认为 10 天足够久了,应该很明显能看出来。"我回答。

"再怎么样,他也能在这么多次严厉批评之后看出来吧,"巴德说道,"那你觉得,他会认为我进入了状态吗?或者说我已经尽力了吗?又或者,我已经最大限度地帮助了整个团队吗?"

"不,我并不这么认为。你远离了整个团队,你是在把他的项目置于风险之中。"我认真地回答道。

"我想你是对的,"巴德说,"毫无疑问,我已经成了团队的一个问题。我并没有全身心地投入到项目中,我没有尽全力,我没有开放自己的思维,我为别人带来了麻烦,我拖累了整个团队。你觉得我应该怎样去面对那些指责我没有认真努力、好好工作的人?你认为我应该认同他们的看法吗?"

我沉思了一会,说:"这很难说。同意那些批评你的人,是一件很难的事情。别人指责你时,你会觉得被冒犯,你会感到很不舒服。"

"想想我的处境,"巴德赞同地点点头,"是谁抛下一个刚出生的婴儿飞去旧金山工作?是我!是谁每天连续工作 20 个小时?是我！"巴德看上去更激动了,"是谁不得不远离所有人,在另一个楼层孤零零地工作?是我!是谁被人们忽略了,没有接到一个通知,甚至连每天的饭菜供应都不知道?是我!所以从我的角度来看,到底是谁给谁添了麻烦?"

"呃,我猜你觉得其他人才是问题所在。"我忍不住反讽道,而这让我感到格外有趣。

"事实确实如此,"巴德继续说道,"你难道没有发现,从我的角度出发,我工作非常努力,甚至还是最努力的那一个?因为在我看来,没有人像我一样经历了这么多挑战和困难。而我还是成功地克服了这些困难。"

"好吧,"我靠在自己的椅子上,肯定地点点头,"你确实会有这样的感觉。"

"所以,现在让我们再来重新思考一下这件事,"巴德直起身来,缓慢地说,"记住这个问题。我没有全身心地投入,没有努力地付出,没有顾全大局,我给别人的工作带来了困扰。这些都是事实。这是问题,是个很严重的问题。但是,这里有个问题更严重——而这正是我们需要讨论的。"

我的注意力立刻被吸引了过去。

"这个更严重的问题就在于,我并不知道我身上存在着这样的问题。"

巴德沉默了一会,转向我,用一种更加低沉、更加真诚的口气说道:"如果不解决这个更严重的问题,我就没有办法更努力地工作。"

我突然有些紧张，感觉自己的脸又僵硬起来。我已经深深沉浸在巴德的故事里，以致差点忘了他讲这个故事的原因。这个故事是说给我听的，他一定觉得我也存在这个更严重的问题。虽然我想努力地保持平静，但发红的脸和耳朵又再次出卖了我。

"汤姆，我在旧金山表现出来的这种持续性的盲目，被社会学家称为'自我欺骗'。在查格茹，我们为它起了个不那么学术的名字，叫'在盒子里'。你要学习很多这方面的知识，最开始，你可以这样想：在某种程度上，在旧金山的我被困在了自己的思维局限里。因为我不认为自己存在问题——一个我自己没有发现的问题。从自己狭隘的视角中，我只能看到自己看见的和愿意相信的事物，对他人的建议和指责非常抵触。所以，我在盒子里——与外界切断，把自己封闭，让自己盲目。这么说你能明白吗？"

我点点头。

"在组织中，没有什么比自我欺骗更常见了，"他继续说道，"举个例子，想一下谁是你工作中遇到的问题——就是那种你觉得会影响整个团队的人。"

我的脑海中立刻就蹦出一个名字，查克·斯塔利，我上一个公司的前首席运营官。他就是个无知且浅薄的傻瓜，从来不为他人考虑。"恩，我确实认识这样一个人。"

"好的，现在问题来了：你觉得这个人会意识到他是你口中的问题吗？"

"当然不会。"我肯定地摇摇头。

"这就对了。首先，你会发现某人存在问题，然后你会发现这个人非常抵触别人对他的建议和批评。这种看不见自己身上缺点的行为就叫作自我欺骗。"

巴德双手抱头，轻松地靠在椅子上："还记得我曾经说过，你要先了解人文学的相关知识吗？"

"我记得。"

"这就是了。'自我欺骗'——'在盒子里'，这就是我所说的问题。自我欺骗是在所有组织中最普遍，也是最严重的问题。"巴德停顿了一下，开始强调接下来的话，"汤姆，在查格茹，我们最重要的首创精神就是要减少个体和组织中的自我欺骗。为了让你知道这有多重要，"巴德开始放缓语速，"我需要告诉你医学中与此类似的问题。"

4. 隐藏在表象之下的问题

"你听说过塞梅尔魏斯·伊格纳兹（Semmelweis Ignaz）吗？"巴德问我。

"没有，这是一种疾病吗？"

"不"，他笑出了声，"但是很接近了。塞梅尔魏斯是19世纪中叶欧洲的一位产科医生。他在维也纳综合医院——一家非常著名的研究型医院工作。在那里他开始研究产科病房里惊人的产妇死亡率。在塞梅尔魏斯工作的产科病区，产妇死亡率高达1/10。每10个产妇就有1个死去！你可以想象这个可怕的场景吗？"

"我不会让自己的妻子接近那个地方。"我非常坚决地说道。

"你不是唯一一个这样想的人。维也纳综合医院令产妇闻风丧胆，有人宁愿在大街上生产，也不愿意去医院。"

"我完全能够理解。"我点点头。

"这些死亡的产妇有一系列相似的症状，"巴德继续说道，"这些症状被称为'产褥热'。那个时候传统的医学认为，每个症状都要对症下药。炎症就意味着存在多余的血液导致肿胀，所以他们让病人放血，或用水蛭来吸血。他们也用同样的方法来治疗发烧。

呼吸困难就意味着空气不好，所以他们就改善空气循环。诸如此类，但是病人的病情却没有好转。超过一半的女人会在感染这些疾病后的数日内死亡。

"可怕的事情传开了。在塞梅尔魏斯的报告里，他详细记载了当时的情景，很多病人们会'跪在地上，捶胸顿足'地哀求医生把她们转往第二个病区。在那里，产妇死亡率只有 1/50——虽然也很可怕，但是已经比塞梅尔魏斯所在病区 1/10 的死亡率好太多了。

"塞梅尔魏斯开始注意产妇的死亡原因——尤其是为什么第一个病区的死亡率要远远高于第二个病区。而唯一明显的差别就在于，在塞梅尔魏斯所在的病区，病人由医生和护士来接生，而在其他的病区病人由助产士来接生。塞梅尔魏斯不明白为什么这个可以解释死亡率的不同，于是他试着控制所有的变量，生产的位置、室内通风和产妇饮食。他甚至连洗衣服的程序都规范化处理。塞梅尔魏斯试图找到问题的所在，但他一无所获。产妇死亡率并没有发生显著的变化。"

"后来，他去另外一家医院待了四个月，他回来后发现在自己不在的这段时间里，他所管辖的病区的产妇死亡率大大降低。"

"真的吗？"

"是的，死亡率确实显著下降了。塞梅尔魏斯下决心要搞清楚背后的原因。渐渐地，他开始想到，原因可能就在于医生会经常研究尸体。"

"尸体？"

"是的,"巴德点点头,"别忘了,维也纳综合医院是一所授课的研究型医院。很多医生既需要研究尸体,也需要治疗病人。那个时候,人们对病菌还一无所知,因此大家并不觉得这样做有什么问题。大家所能看到的只有表面的症状。在将自己与这段时间值班的医生的行为做过对比之后,塞梅尔魏斯意识到,他们之间唯一的显著不同就是,塞梅尔魏斯会花更多的时间在尸体上进行研究。

"从这些发现中,他提出了产褥热理论——这就是微生物理论的前身。他推断产褥热是医生用不洁净的手将尸体或者其他病患身上某种传染性的物质带进产妇创口所致。为此,他马上下令,要求医学生在为产妇做检查之前,一定要用漂白粉溶液洗手。你知道后来发生了什么吗?"

我摇了摇头,"后来怎么样了?"

"产妇死亡率立马下降到1%!"

"所以他是正确的,"我小声说,"医生实际上就是传染者。"

"是啊。塞梅尔魏斯曾经很悲伤地说,'只有上帝才知道,有多少病人因为我们而过早地死去'。试想一下,他得承受多大的精神煎熬!医生尽其所能地拯救病人,但是却不知道自己就是把疾病带给产妇的人。它导致了一系列的严重症状,而这些本可以通过一个简单的动作来避免。如果能早点发现病源——后来被证实是细菌,这一切就不会发生。"

巴德停住了。他把双手放在桌子上,转向我说道:"在组织里,也有类似的细菌——一种我们每个人或多或少都携带的细菌,一种会阻碍团队领导和效率的细菌，一种会导致很多'人的问题'的细菌，一种会被隔绝和中立化的细菌。"

"它是什么呢？"我按捺不住心中的好奇。

"就是我们一直在谈论的，"巴德看着我，"自我欺骗，也就是'盒子'。或者，更准确地说，自我欺骗是一种疾病。我们现在需要知道是什么细菌导致了这种疾病。

"汤姆，我想说的是，如同产褥热病因被发现的故事一样，寻找自我欺骗的根源也需要有大量的事实和完整的理论。我们需要去发现，这么多明显不同的症状，包括领导力、积极性以及其他一系列我们称之为'人的问题'的难题，都是由同一个病因导致的。只有认识到这点，所有问题才能以超乎寻常的效率得到解决。而这种快速解决问题的方法是存在的——不是逐个击破，而是一次性干净利落地解决。"

"这个主意听起来很不错。"我赞叹道。

"确实，这会是一项重大的发现，"巴德回应道，"但我并不希望你从我这里听到解决办法。我会帮你发现问题、寻找答案。为了确保你的部门也在执行这样的策略，我需要你完全理解它。"

"我明白。"我点点头。

"好，那让我们先从我在查格茹公司的经历开始讲起。"巴德微笑着说。

5. 真正的领导力

"在律师事务所工作了十年之后,我跳槽到西拉产品系统公司做法律顾问。你还记得西拉这个公司吗?"

西拉首创了好几套生产工序,查格茹公司正是运用了西拉的技术才成为现在业界领先的制造业巨头。"当然知道,他们的技术改变了整个行业,但是这和他们有什么关系?"我好奇地问。

"他们被查格茹公司收购了。"

"什么?我从没听说过这件事。"

"这项交易有些复杂。总之,查格茹公司获得了西拉公司最有价值的知识产权财富,将大多数专利收归己有。

"那是16年前的事了。那时候我还是西拉的首席运营官,按照合同的约定,我需要加入查格茹公司。然而,我并不知道自己要做什么,"巴德拿起他的杯子,喝了一口水,继续说道,"那时候,查格茹公司在外界看来是很神秘的,而我却在第二次会谈中就看穿了查格茹的秘密。

"因为对西拉公司的收购条款非常熟悉,我成为查格茹公司执行团队的一员。第一次开会时,我就被委派了很多艰巨的任务。

在两个星期之后的第二次会议前,我需要完成它们。毫无疑问,这些工作繁重艰巨,我必须付出很多努力。

"终于,在第二次开会的前一天晚上,我几乎忙完了所有事,只剩下一个任务。夜深了,我非常疲惫。想到自己已经完成了这么多任务,只剩下这一件事,而且这件事看起来并不重要,我决定直接睡觉,放任不管了。

"第二天开会的时候,我汇报了自己取得的进展,对下一步工作提出了建议,并和大家分享了我收集整理的重要资料。然后我告诉大家,完成其他任务耗费了太多时间,还遇到了很多困难,因此,有一件事我没能完成。

"我永远也不会忘记接下来发生了什么。时任查格茹公司总裁的卢·赫伯特,转过头对凯特·斯特纳鲁德——凯特·斯特纳鲁德当时担任我现在的职务——说,让她在下次会议前完成这件事。会议继续进行,其他人开始汇报。没有人再提这件事,但是我却注意到,我是唯一一个没有完成全部任务的人。

"在接下来的会议中,我沉浸在自己的世界中——我很羞愧,简直无地自容。我思考着自己是否属于这里,又或者,我是否真的想留在这里。

"会议结束了。在大家聊天的时候,我把文件整理好放进公文包里。我觉得自己并不属于这个集体,我只想默默地离开这些爱开玩笑的同事。正当我准备向门口溜去时,有人拍了拍我的肩膀。

"我转过头,看到卢微笑地看着我,他的眼神非常友善却又仿佛能看穿一切。他礼貌地问我是否介意和他一起走回办公室。我说,当然不介意。"

巴德停顿了一会,似乎正努力从记忆中回到现实:"汤姆,你初来乍到,也许还不知道他的故事。卢·赫伯特是一个传奇。他将一个默默无闻、实力平庸的小公司变成举世闻名的业界巨头。在他任职期间,每个在查格茹公司工作的人都对他极其忠诚、顶礼膜拜。"

"他的故事我略有耳闻,"我说道,"我在特莱斯公司工作的时候,所有的员工甚至高层都很崇拜他——公司总裁乔·阿尔瓦雷斯说,卢是我们这个行业的领军和灵魂人物。"

"他说得对,"巴德点点头,"卢确实是业界的领军人物。但是乔并不知道他到底领先在哪些方面,而这正是你要学习的地方。"巴德继续说道,"卢已经退休十年了,但他每个月都要来公司几次,来看看我们进展如何。他的眼界和思路如此宝贵,所以我们始终为他留着一间办公室。

"总之,在我来到查格茹公司之前我就已经听过很多卢的故事。因此,你大概可以想象,那次会议之后我有多么紧张和忐忑。我担心自己会被同事们看不起,我更加担心卢对我的印象,而他竟然在会议后问能不能和我一起回办公室!我很开心能够得到和他聊天的机会,但是我又很担心——到底担心什么,我也不知道。

"卢问我近况如何,我的家人是否已经妥善安顿,我是否已经很好地适应了这里。听说我的妻子南希因为我的工作调动而心情不好,他表示非常遗憾,并承诺要给她打电话,看公司有没有可以帮忙的地方——那个晚上,他真的给南希打了电话。

"到了我的办公室,我正要转身进去,卢用他有力、精瘦的大手拍了拍我的双肩,看着我的眼睛,饱经风霜的脸上流露出一丝真诚的担忧。'巴德,'他轻轻说道,'能和你这样一位聪明能干、正直无私的年轻人共事,我很开心。你对整个团队贡献了很多,但你不会再让我们失望了,是吗?'"

"失望?他真的这么说了吗?"我有些不敢相信。

"是的。"

"好吧,我并不是要批评卢,但我觉得这么说有点过分,况且你已经付出了那么多。这样说话,会赶走很多人的!"我说出了自己心里的困惑。

"确实,"巴德笑了下,"但是你知道吗?事情并没有发展成这样。那一刻,听到卢的话,我并没有被冒犯的感觉。相反,我甚至受到了鼓舞。我告诉自己,'卢,我不会再让你失望。'

"我知道这听起来很老套,但那确实就是我当时的想法。卢很少循规蹈矩。如果有100个人像卢这样对我说话,可能只有1个人能让我心甘情愿地合作,而不是愤怒。按照传统的人际交往理论,这种沟通方式不会有好的效果。但在卢那里,它却奏效了,并且非常有效。汤姆,现在问题来了,为什么,为什么这种做法会奏效?"

这是个好问题,我耸了耸肩,说:"我不知道。"就在我说完这句话的瞬间,我灵光一现,"也许你觉得卢很关心你,所以你不会像平时那样感到不适。"

巴德笑了笑,再次坐在了我对面的椅子上:"所以你认为,我感受到了卢对我的关心？"

"是的，我觉得应该是这个原因。"

"汤姆，你的意思是说，我是在回应卢对我的关心——至少我能够感受到他对我的关心。而他的这种关心，对我来说，要比他的话语和行动更加重要。你想说的是这个吗？"

我仔细想了想与他人交往时自己最关注的方面。我最在意别人是如何看待我的——例如，我妻子劳拉是如何看待我的，或者说她是否只关心她自己。我对她或者对他人的态度往往是由我觉得他们如何看待我而决定的。"我想我的意思就是这个，"我点点头，"如果我觉得一个人只为自己考虑，那他说的任何话我都不会去考虑。"

巴德点点头，似乎赞同我说的话："很多年前，我遇到过这样的情况。六号楼有两个人经常在工作上发生摩擦。其中一个是盖比，他过来跟我抱怨，'我不知道要怎么办。莱昂一直拒绝跟我合作，不管我做什么，莱昂都对我很冷淡。我曾经特意问候他的家人，邀请他一起吃饭，我已经做了所有我能做到的事，但是并没有任何效果。'

"'盖比，我希望你从另一方面来思考，'我对他说，'好好想一下，当你大费周章地做这些事，想让莱昂知道你很关心他时，你真正在乎的是什么呢？是莱昂，还是莱昂对你的评价？'

"这个问题让盖比有点发憷。'也许莱昂觉得你并不是真正在乎他，'我继续说道，'因为你最在乎的实际上是你自己。'

"盖比终于找到了问题所在，虽然这对他来说有些难以接受。

然而，如何去解决问题，如何运用今天我们将要谈论到的策略，却是盖比要思考的问题。我们今天说到的策略，不论是在工作中还是在生活中都有着广泛的应用。让我先给你举个家庭生活里的例子吧。"

巴德冲着我笑了笑："你是不是从没和妻子吵过架？"

我忍不住笑出声："也吵过几次。"

"很多年前的一天早上，我们急着赶去上班。南希很失望，因为我没有洗前一天的碗。我很生气，因为南希竟然因为这么点小事发火。你可以想象到当时的画面吗？"

"哈哈，我们也有过这样的情景，"我忍不住想起最近一次我和劳拉在那天早上因为类似的事情争吵时的情景。

"过了一会儿，我和南希走向房间的不同角落，"巴德继续说道，"我受够了这样闹心的争吵，我上班已经迟到了。于是我决定主动道歉，结束这场争执。所以我走过去，弯下腰吻了她一下，'对不起南希，我不应该这样'。

"我们的嘴唇碰在了一起，但仅仅过了一毫秒就分开了，这大概是世界上最短的亲吻了。我并不想这样，但很明显我们两个人都不愿意接受彼此。

"'你根本不是真心的，'南希看着慢慢后退的我，低沉地说。她说的没错，我们正在争吵，我的愤怒仍然汹涌澎湃。我感到自己遭遇了不公，承担了太多的责任，我没有得到南希的认可和欣赏，我无法掩饰这一切——甚至在亲吻的时候。我很清楚地记得，后来我是如何穿过走廊走向车库，不停地摇头发牢骚。现在，我有更多的理由对妻子的不可理喻生气了——她甚至不愿意接受我的道歉！

"但是汤姆，这里有个重点——确实存在一个可被接受的道歉吗？"

"不存在，因为就像南希说的，你并不是真心的。"我摇摇头。

"这就对了。我说了抱歉，但心里却不这样觉得，而这种内心深处的感受又通过我的声音、我的眼神、我的肢体语言和我对她的关心程度表现出来了。于是南希对我的不真诚做出了不友好的回应。"

巴德停住了，我又回忆起那天早上和劳拉在一起时的情景：她那张曾经闪耀着光芒、热爱生活且乐观的脸，现在已经在逆来顺受中渐渐黯淡。她尖利的言语把我对婚姻的所有誓言都撕得支离破碎。"我越来越不了解你了，汤姆。"她说道，"更糟糕的是，我越来越感觉你并不在意我的感受。我好像成了你生活中的累赘。我已经不记得上一次从你那里感受到爱意是什么时候了。你现在对我只有冷漠。你让自己沉迷于工作——甚至在家里也是一样。说实话，我对你的爱意也在慢慢消退。我希望能继续爱你，但所有的事情都像是谎言。我们的生活已经支离破碎。我们是在共同的房子里过着各自生活的陌生人，每天擦肩而过，见面时礼貌地寒暄，象征性地问问彼此的生活。我们让自己保持微笑，可是我们都清楚，这笑容只是表象，各自的心中早已是一座空城。"

"就像你说的，"巴德的声音让我从回忆中清醒过来，"我们其实是能感受到别人对我们的态度的，对吗？只要有足够的时间，我们就能辨别出我们是在被利用,被敷衍,还是被玩弄。我们总能发觉别人的伪善,和那些在善意的安慰之后隐藏着的隐隐责备,我们很讨厌这种伪善。在公司里,我们并不在意别的同事是经常来问好,努力地坐直身子假装认真倾听,询问我们的家庭成员以显示关心,或是使用别的技巧来让沟通更有效。我们真正感受到并且予以回应的是,这个人在做这些事的时候是如何看待我们的。"

巴德的话让我突然想起了一个人。"我想我大概明白你的意思。"我问到,"你认识查克·斯塔利吗?就是特莱克斯公司的首席运营官。"

"你说的是那个身材高大,体型偏瘦,眼睛细长,长着一头红发的人吗?"巴德问道。

"是的,就是他。跟他在一起十分钟,你就能知道,他觉得整个世界都应该围着他转——当然包括他公司里的每个员工。我记得有一次公司总裁乔·阿尔瓦雷斯和我们召开电话会议。那是个超级忙碌的十月,我和我的团队几乎倾注了所有心血,花了整整一个月的时间去修复产品里的每一个漏洞。在电话里,乔·阿尔瓦雷斯非常开心地表扬了我们。但是你知道是谁揽下了所有的功劳吗?"

"呃,难道是斯塔利?"巴德挑了挑眉毛。

"是的,就是斯塔利。他几乎从来都没有真正认可过我们——他轻慢的态度让我们觉得,他的不认可反而让我们更舒服。总之,他当时就这样欣然接受了总裁的表扬,并且深以为傲。我想在那一刻,他一定以为这份荣誉是自己应得吧。但是说实话,他让我很不舒服,而这仅仅是他做过的诸多类似的事情中的一件。"

巴德饶有兴致地看着我,在那一瞬间,我突然意识到,自己正在新上司的面前批评旧上司——而这恰恰是职场上犯忌讳的事。我立刻闭上了嘴。"呃,听起来查克就恰好证明了你说的那点。"我坐回自己的椅子上,示意巴德我已经说完了,并暗自祈祷自己没有说太多不该说的。

聪明如巴德,应该立马就看出我的意思了,但他什么都没有表现出来,只是继续平静地说道:"查克确实是个好例子。那么现在,让我们比较一下卢和查克吧,或者更准确地说,比较一下他们的言行分别对别人产生了什么影响吧。汤姆,你觉得斯塔利对你是像卢对我那样真诚关心、热情鼓励吗?"

这个问题太简单了,我不假思索地给出了答案:"当然不是。斯塔利根本就没有鼓舞过大家,也没有为团队做出任何贡献。我之所以认真工作并非出自斯塔利的领导,而是因为我自己对事业有所追求。从来没有人发自内心地帮助待斯塔利。"

"有些人,比如卢,即使在人际关系上略显笨拙,也能够用精神力量激励身边的人,"巴德循循善诱地说,"他们可能从来没有上过人际学课程,也没有学过管理学技巧。但这些都不重要,他们总能成功完成工作,并且充分激励身边每一个人。我们公司里最好的管理人员都是这样的人。他们的言行不一定都是'得体的',但是大家都喜欢和他们共事,他们也能实现自己的目标。

"但同时,也有斯塔利这样的人。如你所说,他们完全相反。

即使他们在人际交往中做了所有'正确'的事情,即使他们运用了所有最新的人际交往技能和策略,却仍然于事无补。大家仍然反感并抵触他们。所以他们只能是失败的领导者——让下属愈发讨厌自己的领导者。"

巴德的理论确实在斯塔利身上得到了充分的印证,但我还是觉得他说得太绝对了。"我明白你的意思,我也大体上同意你的观点。但你说人际交往技巧一点也不重要,我对这个说法不敢苟同。"

"不,我的本意并不是说它一点也不重要,我是想说,在人际交往中技巧永远不是最重要的。根据我的经验,人际交往技巧在被像卢这样的人运用时,可以帮助人们减少误解,化解尴尬,让人们的交往更加真诚有效。但是当像斯塔利这样的人使用时,人们就会觉得他是在刻意讨好或者出于某种目的。人际交往技巧是否奏效,其实取决于更深层次的领域。"

"更深层次的领域?"

"是的,比行为和技巧还要深层次的领域。这就是卢在查格茹公司教会我的第二课。第一课发生在更早以前,我们俩也进行了一整天的会面。"

"你是说——"我没来得及说完,巴德就已经抢先回答了。

"是的,卢当时和我,也像现在我和你这样,聊了一整天。当时它在公司里被称作'卢的会面',"巴德露出了狡黠的笑容,"还记得我说过的话吗?汤姆,我和你有着同样的问题。"

6. 把自己关进"盒子"

"那么,什么才是更深层次的问题呢?"我好奇地问。

"就是我和你提过的——'自我欺骗',"巴德回答道,"关于我是否被困在了自己的盒子里。"

"嗯……"我放慢了语速,想要从巴德那里了解更多。

"正如我们所谈论的,不管我们表面上如何行动,人们还是会根据我们内心对他们的感受做出反应。而我们对别人的感受,恰恰又是由我们是否被困在盒子里决定的。现在,让我来举几个例子,向你好好说明这一点吧。

"一年前,我从达拉斯乘坐座位不固定的飞机到菲尼克斯。登机的时候,我不经意间听到空乘们的对话,说还有少量机票没有售出。而我幸运地在飞机尾翼的位置找到一个临窗的座位,它旁边的那个位子也没人坐。这时候,还没找到座位的乘客们开始陆续走进来,他们的眼睛在四处张望,打量着机舱里越来越少的座位,想挑选一个最好的。我把箱子放在中间闲置的座位上,拿出当天的报纸。我记得,当时自己一边看报纸,一边用余光观察着他们,担心有谁会突然坐在我旁边。为了让别人知道这个座位已被占用，我把报纸铺得更开了，希望自己的意图能表现得更明显。汤姆，你能想象这幅场景吗？"

"当然。"我想象着这个画面，忍不住偷笑了一下。

"现在，让我来问你，从表面上来看，我在飞机上的行为是什么意思？我是在做什么？"

"嗯，你看起来像个怪人。"我回答道。

"确实是，"巴德咧开了嘴，"但这并不是我要问的。我是说，我在飞机上有什么特别的行为吗？我的外在表现是什么样的？"

我重新想象了一下这个画面："你占了两个座位……这是你想说的吗？"

"是的，还有什么其他的呢？"

"呃……你在看报纸，也在观察可能会坐在你身边的人。当然，最基本的是，你坐着。"

"好，现在还有一个问题，在做这些的时候，我怎么看待那些正在寻找座位的乘客？他们在我眼里是什么？"

"我想，你可能会把他们当作威胁和麻烦——差不多就是这样的感受。"

巴德点点头："那你觉得，站在我的角度上看，这些正在找座位的人的需求是正当合理的吗？"

"当然不，你觉得你的需求才是最重要的，别人只是次要的。你把自己当成了某种中心人物。"我不假思索地回答道，连自己都被这样的直率吓了一跳。

巴德大笑起来，明显是被我的话逗乐了。"说得好，"巴德用更加严肃的语气继续说道,"你说的没错。我把自己的需求放在了优先的位置,没有为别人考虑。现在,让我们比较下另一个事例。大概六个月前,我和南希坐飞机去佛罗里达,我们的座位并没有连在一起。而那架飞机基本上已经满员了,把我们俩的座位调在一起对空乘来说是个不小的难题。正当我们站在通道里左顾右盼等待解决办法时,一名手中攥着报纸的女人从机舱后方走向我们,微笑着说,'我旁边的座位没人,如果你们想坐在一起,我很乐意和你们其中的一位换个座位。'

"想想这位女士。你觉得她是怎么看待我们的,她会把我们当作威胁和麻烦吗?"

"当然不,"我摇了摇头,"她只是把你们当作两个想坐在一起的人。这个回答可能达不到您的要求,但——"

"不,"巴德说,"您的回答很棒,她只是把我们当人来看——我们稍后再来讨论这个问题。现在让我们比较一下这位女士和我对待其他乘客的方式。你说我把自己当成中心,别人的需求跟我相比根本没那么重要。"

我点点头。

"这位女士也是这样看待自己和他人的吗?"巴德问道,"她是不是像我一样,觉得自己的需求跟别人的相比更重要更合理?"

"在我看来不是这样,"我老老实实地回答道,"可能在她看来,在这种情况下,你和她的诉求是同样重要的。"

"是的,"巴德点点头,站起身来,走向会议桌的另一边,"现在让我们想象这两种场景。在飞机上,有一个人的身边是空位,他在看报纸,但也在观察着仍在寻找座位的其他乘客。这是我们能看到的表象。"

巴德打开会议桌边墙上的两扇红木门,一个巨大的白色书写板显露出来。"但是请注意,我和这位女士在相似的情景下做出了相反的选择。我忽视了其他人,她没有;我感到焦虑、紧张、被威胁、不愉快,而她却没有任何负面情绪。我坐在那里,抱怨着一切有可能坐在我行李箱位置上的人——这个看起来太得意,那个看起来太阴沉,这个带了太多行李,那个一看就话多。而那位女士却恰恰相反,没有抱怨,只有谅解——不管面对的是眉飞色舞的人,面色阴沉的人,行李太多的人,话痨的人,又或者是其他的人。如果她把乘客看成需要帮助的人,她又有什么理由不让出自己身边的位置,甚至她自己的位置给这些同样需要座位的人呢?

"现在,我有个问题要问你,"巴德继续说道,"这两架飞机上的人是不是都有着类似的希望、担忧、需求和期盼?他们是不是都或多或少地需要一个座位?"

这听起来十分正确,于是我点点头:"是,我同意。"

"如果这是正确的,那就存在一个严重的问题——我并没有把那架飞机上的人看作和我一样的人。我认为自己比其他乘客更优越、更重要。因此在某种程度上来说,我并没有把他们当作人来看待。在那个时候,他们对我而言像是物品,而不是人。"

"是的,我能感受到这点。"我点点头。

"注意,我对自己和他人的感受是完全与事实相悖的,"巴德提醒了我,"事实是所有人都需要一个座位,但我却没有意识到这点。我的世界观是建立在看待他人和自己的错误方式上的。我把别人当作物体,他们的需求和欲望没有自己的需求正当和重要。事实上,我是在自我欺骗——或者说,我困在了自己的盒子里。那位让出座位的女士,却在以公正、平等、没有任何偏见的视角看待整个世界。她把别人看作和她一样有需求和欲望的人。她已经在盒子之外了。"

巴德继续说道:"即便外在行为差不多,两种人的内在感受也完全不一样。而这种差异非常重要。我要用一张图来向你展现。"说到这里,巴德开始转向写字板,画出了下面的图:

"这样说吧,"巴德走向写字板的另一边,好让我更清楚地看到他画的图,"我表面上做出的这些行为,不管是坐着、观察他人,

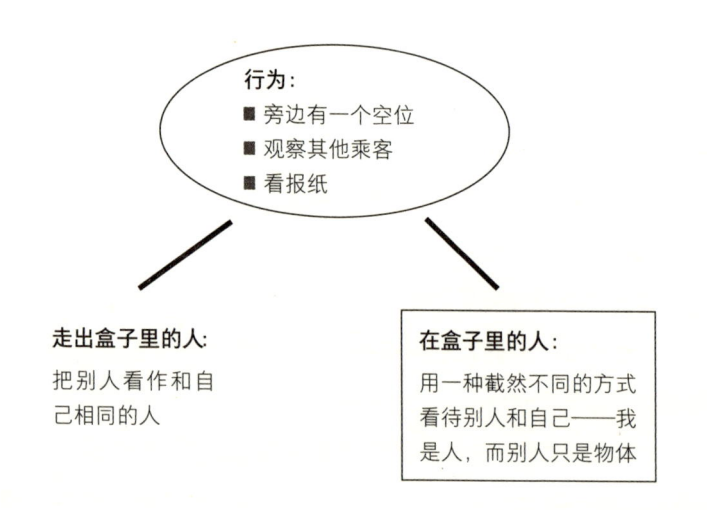

行为:
- 旁边有一个空位
- 观察其他乘客
- 看报纸

走出盒子里的人:
把别人看作和自己相同的人

在盒子里的人:
用一种截然不同的方式看待别人和自己——我是人,而别人只是物体

还是看报纸,都是两种基本应对方式中的一种。要么,我是把其他人当作和我一样有需求、有欲望的人,要么,我就完全没有这样想。凯特有一次提过,有时,我把自己当成人群中的一个人;有时,我又把自己当成被许多物体包围着的人。有时,我跳出了自己的盒子;有时,我又被困在自己的盒子里。我这么说,你能明白吗?"

这段话让我陷入了沉思,我想起部门里的一个女员工,她总是给我惹麻烦,而我并不觉得有这样的想法是因为自己被困在了盒子里。事实上,上星期发生的那件事似乎跟巴德所说的每句话都相悖。"我不完全明白。现在我跟你说一件事,你来告诉我这个理论是怎么用的吧。"我对巴德挑了挑眉。

"好的,我同意。"巴德坐了下来,对我点点头。

"我的办公室旁边有一个会议室,我经常会去那里思考问题。部门里所有人都知道这间会议室的重要性,它就是我的第二个办公室。上个月发生了几次小摩擦之后,大家变得非常小心,每次使用会议室前都会跟我商量。然而上周,部门里有人却直接闯了进去。她不仅没有和我提前商量,竟然还把我写在白板上的笔记全都擦掉了。你觉得这种行为对吗?"

"从这个情况来看,这种行为确实欠妥。"

我点点头:"起码我很生气。后来,我思考了很久,我不知道自己的所作所为是不是都正确。"

我还想说更多——关于那天我是如何把她立刻叫进自己的办公室,拒绝跟她握手,然后气势汹汹地告诉她,没有我的命令她不可以擅自坐下，否则她就要另谋高就。但我立刻想到了一个更重要的问题。"在这种情况下，我是怎么欺骗到自己的呢？"我问道。

"让我先问你几个问题，你也许就知道答案了。"巴德不紧不慢地说道，"发现了这个女员工的所作所为，你有什么反应和感觉呢？"

"嗯……我觉得她太不小心了。"

巴德点点头，好奇的表情似乎在鼓励我接着说下去。

"我还觉得，她没有问过别人就这样做，实在是太愚蠢了。"我停顿了一下，又继续说道，"她太放肆了，你认为呢？"

"这样做当然不明智，"巴德点点头，"还有其他的吗？"

"没有了，我能想起来的感觉就是这些。"

"那我让来问你吧，你知道她当时为什么要用会议室吗？"

"不知道，但这个重要吗？这并不会改变她擅自使用会议室的事实啊，难道不是吗？"

"也许不重要，"巴德耸了耸肩，"但是让我来问你另外一个问题，你知道她叫什么名字吗？"

这个问题让我猝不及防。我想了一会，却没有一丁点印象。我的秘书曾经提到过她吗？又或者，她伸手和我打招呼时曾经报过自己的姓名？我努力在记忆里搜寻，却一无所获。

但是，这个真的重要吗？我对自己暗暗说道，好让自己不那么心虚。我就是不知道她的名字，那又怎么样呢？这就说明我做错了吗？"不，我不知道她的名字，或者说我忘了。"我硬着头皮回答。

巴德点点头："现在，我希望你能好好思考一下这个问题。假设这个女员工确实粗心大意、行事冒昧，你觉得在这件事上，她真的像你所指责的那样，那么粗心大意、冒昧、莽撞吗？"

"我并没有指责她啊。"

"也许你没有说出来，但在这件事之后，你和她有过任何接触和互动吗？"

我立刻想到自己冷漠的表情，见面时我竟毫不留情地拒绝了她的握手。

"好吧，只有一次。"我的声音不由得放低了。

巴德注意到了我语调的变化，他的声音也微微低沉起来，不再用平时那种事务性的礼貌语气。"汤姆，我希望你设身处地地想一下，你们会面的时候，她会从你这里感受到什么？"

答案是显而易见的。就算拿个木棒把她打一顿，也比我那样对待她好。我记得她声音里的颤抖，以及她离开我办公室时那种荒乱而又心事重重的步伐。第一次，我开始体会到自己对她的伤害，而她又会是怎样的心情。我能想象她的内心有多么担忧和紧张，办公室里的每个人都知道将会发生什么。"好吧，关于这件事，我必须承认我处理得不够妥当。"我吞吞吐吐地说。

"现在，让我们再来回顾下之前提到的那个问题，"巴德问，"你有没有觉得，这个女员工实际上并没有你想象得那样糟糕，只是你当时对她存有偏见？"

我停顿了一会，并不是因为我不知道如何回答，而是我想尽量沉着地应对这个问题。"好吧,也许你说的对。但是这并不能改变她犯错的事实,是吗?"我又补充了一句。

"当然不是,我们一会再来说这点。但是现在,我希望你思考的是,不管她做的是对是错,你对待她的方式,是更像我,还是更像那个主动提出要跟我换座位的女士?"

我陷入了沉思。

"这样想吧",巴德指了指白板上的图表,接着说,"你是把她看作和你一样有着类似需求和欲望的人,还是仅仅把她看作一个物体——就像你说的,一个潜在的威胁,一个公然的挑战,一个糟糕的麻烦,又或是一个令人头疼的问题?"

"也许,她对我来说只一个没有感情的物体吧。"我最终缓缓承认道。

"那么现在,你知道自我欺骗是怎么蒙蔽你的了吗?告诉我,你是处于这个盒子里,还是跳出来了?"

"我应该是被困在其中了吧。"我若有所思。

"汤姆,这是一件很值得深思的事情。因为这种思维差异恰恰反映了卢以及查格茹公司成功的深层原因。"巴德再次指向那张表,"卢经常跳出自己的思维局限,他能够非常清楚地看清事情的本质,也把身边的人当作真正的人。他创建了一个公司,一个大多数人都明白这个道理的公司,一个比其他公司有更多人明白这个道理的公司。这就是查格茹成功的原因——我们培育了一种文化,一种平等待人的文化。如果人们被真诚对待,他们也会以同样的方式来回应我们。这就是我所感受到的,也是卢希望看到的。"

这段话听起来很棒，但又似乎太简单了，让我不敢相信这就是查格茹公司成功的秘诀。"不可能这么简单吧，巴德？我是说，如果查格茹公司的成功原因这么简单，那么所有人都可以轻易复制这种成功了。"我质疑道。

"别误会。我并不是要忽略其他因素，比如说，业务精湛的员工，大家的辛勤工作，又或是其他对查格茹的成功至关重要的因素。我只是要提醒你——所有公司都可以复制这些因素，但是却没能复制我们的成功。那是因为他们不知道如果能被平等对待，聪明的人会更聪明，业务精湛的人业务会更精湛，努力工作的人会更努力。

"不要忘了，自我欺骗是一个难以解决的问题。很多公司和机构都被这样的问题困扰，而他们却不知道这些问题的存在。大多数公司都被困在了'盒子'里。"

这段话在空中盘旋了一会，巴德伸手去拿杯子喝了口水："顺便，那个女人的名字叫乔伊斯·木尔曼。"

"谁……哪个女人？"

"就是你拒绝握手的那个女人。她的名字叫乔伊斯·木尔曼。"

7．把别人视为人还是物

"你怎么知道她的名字？"我有些紧张地问道，"你又是怎么知道这件事的？"

巴德露出了笑容："不要以为办公楼离得远大家就会相互隔绝。小道消息总是传得飞快。我是从你的小组长们口中听到的，当时他们在五号楼的咖啡厅吃饭，一直在谈论这件事。听起来你让大家印象深刻啊。"

我努力让自己镇静下来，尽力控制着自己的表情。

"至于她的名字，我并不是因为这件事才故意要记住的。平时我会尽可能地记住公司每个人的名字。尽管随着年龄的增长，要记住这些会越来越难。"

我点点头，对巴德这样位高权重的人竟然要花力气记住乔伊斯这样的基层员工表示诧异。

"你知道公司设有门禁系统，所以每个员工都要拍一张照片吧？"

我点点头。

"董事会的每个人都会收到所有的照片，我们会让自己尽量记住公司里每个人的长相和名字。

"至少对我而言,我发现,如果我连一个人叫什么都不感兴趣,那我可能也压根没把他当成一个与我平等的人。对我来说,这是立见分晓的检验方法。当然,这个规则反过来则不一定适用。我会记住一个人的名字,但他对我而言可能还是没有血肉的物体。但如果连记住名字都不愿意,那至少说明,我仍陷在自己的盒子里,他对我而言只是个物体。不管怎样,这就是我为什么会知道她,或者说,至少知道她的名字。"

巴德说话时,我的大脑在飞速运转,一一回想自己部门里的那些员工。我突然意识到,我的团队大概有300个人,但我只知道其中20个人的名字。可是这不怪我,我才来公司一个月啊,怎么能要求这么多!我在心里为自己辩解。可是我也知道,巴德一针见血地指出了我的问题。来公司的时间短只是个借口,事实就是,我确实没有试着记住别人的名字。我不愿了解别人的姓名,而这清楚地反映了我的内心——我可能根本没有把他们当人看。

"你可能觉得我特别刻薄吧。"我想起了乔伊斯的事。

"我怎么想并不重要。关键是你怎么想。"

"我的感受很复杂。一方面,我觉得自己欠乔伊斯一个道歉;但另一方面,她不应该没有事先询问就擅自进入我的房间。"

巴德点点头:"你觉得有没有可能这两件事都是对的?"

"不可能吧,这两件事怎么可能同时都是正确的呢?"

"这么说吧,一方面,你认为乔伊斯不应该如此冒失莽撞忽视规则,直接就进入你的房间,完全不顾你的心情和想法?"

"是的。"我点点头。

"这在我看来完全可以理解。而且在那种情况下,你觉得你必须严肃地告诉她,这样的错误不可以再犯第二次,是吗?"

"是的,这就是我当时的想法。"

"我也会这么想。"巴德似乎同意了我的看法。

"那我到底做错了什么呢?"我开始困惑了,"我所做的恰恰就是这些啊。"

"是,你确实做了这些。但是有一个很重要的问题——你在做这些事情的时候是否被困在自己的盒子里。"

我一下子想通了:"我明白了。并不是我真的做了错事,而是我做这些事的方式有问题。即使是正确的事情,我也用了一种错误的方式去表达。我困在了自己的思维局限里,我把她当成了物体——这就是你想强调的,是吗?"

"完全正确。在盒子里时,即使做些看起来正确的事,你也会得到完全不同的、和你的期待背道而驰的结果。记住,人们对待我们的态度并不取决于我们做了什么,而取决于我们怎样去做——不管你有没有被困在盒子里。"

这听起来确实很有道理,但是我不确定这在职场上真的切实可行。

"你还有什么顾虑吗?"巴德看出了我的不置可否。

"没有……"我的口气没有那么坚定,"好吧,我确实担心一件事。"

"请讲。"巴德似乎早有准备。

"我只是在想，在职场上工作，怎么可能一直都把别人当作平等的人呢？我是说，这样做不会太过了吗？比如说，我可以把家人当作平等的人。但在工作中，你需要雷厉风行地做出选择和判断，这样做有点不太现实吧？"

"能听到你这么问真的太好了，"巴德回答，"这就是我接下来想说的。"他停了一下，继续说道，"首先，请你想想乔伊斯。你的处理方式会让她再也不敢用你的会议室了。"

"可能是这样。"我点点头。

"如果这就是你想传达的信息，让她再也不用你的会议室，你的做法是成功的。"

"是，从某种程度上来说是这样的。"想到这里，我的心里突然又好受了一点。

"有道理，"巴德说，"但是让我们越过会议室这件事来思考一下。你陷在自己的盒子中，用这样的方式来传达信息，会让她更有激情、更有创造力，还是完全相反呢？"

巴德的问题让我哑口无言。我突然意识到，在乔伊斯面前，我就是查克·斯塔利。我还记得自己是如何被斯塔利轻视的，我敢说他困在了自己的盒子里。这样的亲身经历让我明白，和斯塔利这样的人一起工作实在令人泄气、没有干劲。在乔伊斯看来，我一定跟斯塔利没什么两样吧。这样的想法让我顿时非常沮丧。

"我想，"我回答道，"我可能确实解决了会议室的问题，但是同时也制造了其他问题。"

"这是个值得思考的问题，"巴德点点头，赞同我的说法，"但是你刚才的提问实际上涉及更加深层次的问题。让我来试着分析一下吧。"

他站起身来，继续着谈话的节奏："你的提问实际上是一种假设，就是说跳出盒子时，我们的行动会变得'温和'，而在盒子里，我们的行动会很'强硬'。所以你会感到困惑，一个人是否真的可以一直待在盒子外面、维持正常的工作。我也有这样的困惑。但是让我们深层地思考一下这个假设吧。在盒子里和在盒子外，真的只是行为上的差别吗？"

我仔细地思考了一会。我不确定，但是这似乎就是行为上的不同。"我不知道。"我回答道。

"让我们再来看看这个图表吧"，巴德指向他在白板上画过的一条线，"记住，这个女人和我都展现出了同样的外在行为，但是我们的感受却完全不同——我在盒子里，而她在外面。"

"我明白。"我点点头。

"现在有一个非常浅显的问题，而它的内在深意却很重要，"巴德说道，"在这张图表上，行为被放在了哪里？"

"在最上方。"我答道。

"那在盒子里和在盒子外面这两种方式又是被放在哪里了呢？"

"在下面，放在最底层。"

"是的，"巴德从白板转过身来，面对着我，"这说明了什么？"

我不知道巴德想听的答案是什么，我只能沉默地坐在那里，暗自思索着这个问题的答案。

"我的意思是,"巴德补充道,"这张图表暗示我们有两种方式去做……"我仔细研究图表,瞬间明白了他想说的是什么。"我知道了——有两种方式可以去做这些行为。"

"正确。所以现在又有个问题,我们所讨论的这两种差别,是表面上行为的差别,还是更深层次的差别呢?"

"更深层次的。"我回答道。

巴德点点头:"现在,让我们再来回顾一下卢吧。你会怎样形容他对我的行为?记住,在一个公开的论坛上,在我的同事们面前,他指责我没有完成本该完成的任务,即使我自认为已经完成了所有该做的事。然后他在私下里告诉我,希望我不要再让他失望了。你怎么评价他的这些做法?你会说这是'温和'的表达,还是'强硬'的行为呢?"

"我会说,这是很严厉的做法,"我回答道,"甚至有点过分了。"

"是的。那他做这件事的时候,是在盒子里,还是走出来了呢?"

"他走出来了。"

"那你呢?你会如何描述你对乔伊斯的处理——是强硬的还是温和的?"

"同样,也是太过强势的表达。"我回答道,感到有些窘迫。

"你看到了,"巴德站在我的对面,开始后退着走向自己的椅子,"现在有两种方式来表现强势和严肃的态度。但在做出这些行为之时,我既可以在盒子里,也可以在盒子外。所以说区别并不在于行为，而在于我们如何做出这些行为，不管是强硬还是温和。

"让我们从另一个角度来看吧，"巴德继续说，"在盒子之外，我会把别人当作和我一样的人，这么说可以吗？"

我点点头："可以。"

"那么又有个问题，人们总是需要委婉、轻柔的方式吗？"

"不，有时候人们需要稍微严厉一点的警醒。"我的笑容有些扭曲。

"确实是这样。你和乔伊斯的故事就是一个最佳的案例。她需要被告知，随意擦掉别人写在白板上的笔记是错误的。但是传达这样的信息又会被认为是一种很强硬、很严厉的行为。关键就在于能否在跳出盒子的同时，仍然传递出这样的信息。但是只有把传递信息的那个人当作真正的人，你才能在跳出思维局限的同时成功传递这样的信息。这就是跳出盒子的意思。请注意，这就是为什么它如此重要——想想你和卢的做法吧，到底谁传递的信息能够得到积极有效的结果？"

我再次想起了和查克·斯塔利在一起工作时那种令人沮丧的感觉。我又想到，我的所作所为对乔伊斯来说可能就和查克对我所做的一样。"应该是卢的。"

"在我看来也是这样。"巴德说，"同样是强硬的行为，我们有两个选择，我们可以直接而强势，同时获得更高的工作效率；又或者直接而强势，但却带来了反抗和拒绝。这个选择并不在于强硬与否，而是在于我们是否在盒子里。"

巴德看了看他的表。"现在已经十一点半了。我有个建议，如果你同意的话,我想休息一个半小时。"

我惊讶于时间流逝之快。不知不觉间讨论竟然已经持续两个半小时了,但是能够休息一下,我还是非常开心的。"当然,"我说,"那么,我们下午一点在这里见?"

"可以,这样就太棒了。要记住我们讨论过的问题,我们对他人的影响其实是由比表面行为更深层次的东西决定的——不管我们是在盒子里,还是在盒子外。你还不太了解这个盒子到底是什么,但是却知道困在这个盒子里时,我们对现实的感知和态度是扭曲的——我们无法看清自己或者他人。我们在欺骗自己,而这又导致了身边的一系列问题。

"把这点记在心里。"他继续说道,"在我们吃完午饭回到这之前,我希望你先做这样几件事。我希望你想想在查格茹公司工作的同事们——不管他们是不是你部门里的——想想自己是用怎样的方式对待他们的,有没有困在盒子里。不要把他们当作没有人格的物体,而要当作一个个独立的人。你可能对这个人是在盒子外,同时却对另一个人是在盒子里。想想这些人。"

"好的,我会去思考的。"我站起来身来说道,"谢谢你,巴德。这是一场非常有意思的对话。你启发了我很多。"

"哈哈,今天中午你要思考的多着呢。"巴德轻声笑道。

8. 自我怀疑

八月的阳光温暖地照耀在头顶，我沿着凯特小溪河岸边的小路走回办公室。我在圣路易斯长大，又在东海岸居住了多年。在更舒适的地方待了一段时间后，我却无法习惯康涅狄格州潮湿的酷暑了。寻着大树茂密的浓荫回到八号楼，我由衷地感到幸运。

我完全无法掩饰内心的汹涌。这是一个完全陌生的处境，在职业生涯中我从来没有经历过这样的谈话。跟几个小时之前相比，我的内心更加忐忑，更加不敢确信自己是查格茹公司的领导层之一，我从来没有意识到自己的所作所为是如此的糟糕。我知道在这段休息时间里，我必须做些事——我如此希望乔伊斯·木尔曼马上出现在附近。

"雪莉，你能告诉我乔伊斯·木尔曼的办公桌在哪里吗？"我走进自己的办公室，从秘书身边走过时问了一句。我整理完书桌上的笔记本，抬起头，发现雪莉就站在门边，忧心忡忡地看着我。

"发生什么事了吗？"她小心翼翼地问我，"乔伊斯又做错了什么吗？"

雪莉似乎是想表达对我的关心，但是她的举动却暴露了她对乔伊斯的担忧，她一定是想找机会提前告诉乔伊斯，让她做好准备迎接一场暴风雨。我被自己的猜想吓了一跳，雪莉的话似乎说明了另外一件事——如果我想见某个人，那一定说明这个人犯错了。我和乔伊斯的会面可以推迟，但是我现在就需要和雪莉谈一谈。

"不，没什么事，"我说，"先进来吧，我有件事想跟你说。"看出她的犹豫，我笑了一下。"请坐吧。"我从桌子边走到雪莉对面。

"我刚来公司没多久，"我开始说道，"你可能跟我接触不多，但我想问你一个问题，希望你能坦率地回答我。"

"好的。"她含糊地回答道。

"你喜欢和我一起工作吗？我是说，和其他上司相比，你觉得我算得上一个好领导吗？"

雪莉有些坐立不安，很明显这个问题让她有点尴尬。"当然，"她的语调太过热情，"我当然喜欢和你共事。为什么问这个？"

"我只是在思考这个问题，"我说，"所以你觉得在我手下工作很开心？"

雪莉不太笃定地点点头。

"那你觉得和其他上司相比，和我共事也是一样开心吗？"

"嗯，当然。"她的笑容有些僵硬，眼睛也看向我的桌子，"和每个同事一起工作我都很开心。"

我的问题似乎把雪莉逼到了一个进退两难的境地。这太不公平了。而我却得到了答案：她并不那么喜欢我。这个事实在她勉强的镇定和烦躁的不安中暴露了。但是我对她并无恶意。这一个月来，我第一次感到抱歉和尴尬。

"谢谢你，雪莉。"我说，"我突然感到我在工作中可能太讨人厌了。"

雪莉什么也没说。

我抬起头，发现她的眼眶里盈满了泪水。和她一起工作了四个星期，而我竟然把她弄哭了！我实在不可救药。"雪莉，对不起，真的很抱歉。我应该改掉自己身上的坏毛病。我一直看不清自己在人际交往上的弱点。我还没有完全意识到，但已经开始思考自己是如何轻视他人，如何没有把他们当成平等的人了。你懂我的意思吗？"

让我惊奇的是，她像全都了解一样点了点头。

"你知道？"

"当然，盒子，自我欺骗，还有其他的一些事。当然，这里所有的人都知道这些。"

"巴德也和你聊过这些吗？"

"不，不是巴德。他只和新任的中层领导亲自会面。但是所有人都要去上课，内容和巴德讲的一样。"

"所以你知道盒子——把别人看作人或物体？"

"是的，还有自我欺骗、幻觉、踏出思维局限、专注结果、四级组织绩效，还有其他很多事。"

"我还没有学到这些东西。至少巴德还没有提过它们。那是什么——自我……"

"欺骗，"雪莉补上了我的问题，"它能回答我们为何都会受困于盒子。但是我不想提前泄露后面的内容。听起来你确实只是刚刚接触这些概念。"

现在，我真的感觉自己不可救药了。把别人当作物体，如果这个人对此一无所知倒也还好，关键是雪莉早就知道了盒子这件事，她可能早就看穿了我的所作所为吧？"

"孩子，我在你眼里是不是愚不可及？"

"哈哈，还不是最蠢的。"她狡黠地笑了笑。

她的俏皮安抚了我的情绪，我也忍不住笑了起来。这大概是我们共事四个星期以来，第一次开怀大笑。"好吧，我已经知道中午要做些什么了。"

"也许你实际能做的比你想象的要更多。"她说，"对了，乔伊斯在二层，在 8-31 号柱子旁。"

我经过乔伊斯的小隔间时，里面空无一人，她应该在吃饭吧。我正准备离开，一个想法突然冒了出来：如果我现在不做，谁知道我还有没有机会再做呢？想到这里，我又停住了。我在小隔间里的一张空椅子上坐了下来，等待着乔伊斯。

隔间里贴满了照片，照片里有两个小女孩，大概分别有 3 岁和 5 岁。墙上还有蜡笔画的笑脸、日出和彩虹等。如果不是地板上堆满了报表和材料，我大概会以为自己正在某个幼儿园里。

我不确定乔伊斯是否属于我们部门，这让我突然有些伤感。但从她桌子上成堆的资料和报表上，我大概能猜出她是产品质量组的一员。正当我盯着其中一份报表时，乔伊斯出现在了角落里，看到了我。

"噢！卡勒姆先生，"她停了下来，表情格外震惊，手也捂住了脸，"对不起。办公室这么杂乱，真的很抱歉。平时不像这样的，真的。"很显然她已经失去了镇定。大概我是她在办公室里最不想见到的一个人吧。

"没事的。和我的办公室相比，这简直不算什么。对了，叫我汤姆吧。"

我可以看出她脸上的困惑。她大概一时间不知道要说什么，也不知道该做什么了吧。她只是站在隔间入口处，微微地颤抖着。

"呃，我是来道歉的，乔伊斯。上次我在会议室里对你发了那么大的火，我表现得太糟糕了，我很抱歉。"

"哦，卡勒姆先生……那确实是我的错，我应该接受您的批评。我不应该把你写在白板上的笔记擦掉。我特别不好意思。这个星期，一想到这件事，我就睡不着觉。"

"我想，我本来可以用一种更好的方式来处理这件事，而不是让你为此担心失眠。"

乔伊斯的脸上涌现出一种"你根本不需要这样做"的笑容。她低头看着地板，脚轻轻地在地板上来回摩擦。她不再颤抖了。

现在是十二点半。在赶回去和巴德会面之前，我大概还有二十分钟的自由时间。我感觉很好，决定给劳拉打个电话。

"劳拉·卡勒姆。"电话那头传来熟悉的声音。

"嗨。"我说。

"汤姆，我很忙。你有什么事？"

"没事。我只是想和你说说话。"

"一切都顺利吗？"她问。

"是的，很好。"

"你确定？"

"当然。难道我没事的时候就不能给你打个电话了吗？为什么要这样审问我呢？"

"好吧，这只是不像你会做的事。你每次打电话，一定都是有什么事发生了。"

"不，真的没有任何事发生，真的。"

"好吧，你说没有就没有。"

"天啦，劳拉！你为什么总让事情变得这么复杂？我只是想打个电话看看你在做什么。"

"我很好，谢谢你一如既往的关心。"她的声音里满满地都是讽刺。

今天早上巴德刚跟我说的盒子、自我欺骗、人或物体，突然间显得那么不切实际和、幼稚可笑。这些概念也许适用于某些特殊情况，可是它们永远也不会在此刻奏效。就算它们是对的，谁又在乎呢？

"好，很好。祝你下午愉快，"我同样用讽刺的口吻回应道，"希望你不论和谁在一起都能像和我在一起时一样'体贴'和'快乐'。"

电话被挂断了。

难怪我一直在盒子里，我放下电话时忿忿不平地想。和这样的人结婚，谁能不变成这样呢？

我带着各种问题回到中央大楼。首先，如果别人困在盒子里，我应该怎么办呢？就像劳拉那样，无论我做什么，结果都是一样的。我只是想打电话和她聊聊天而已。我已经走出了盒子。但这样冷酷的一击又让我失去了所有的信心——她总是这样。她才是那个有问题的人。这和我做了什么没有任何关系。即使我困在盒子里，那又怎样呢？你还能要求我做什么呢？

好吧，虽然刚才我与雪莉和乔伊斯的相处比较愉快，但她们还有什么其他的选择吗？我是这个部门的领导，她们必须听从我的命令，和我维持表面上的和平。就算雪莉突然哭了又能说明什么？我就是错的吗？她应该更坚强才是。只有弱者才会哭泣——至少，我不应该为此自责。

每走一步，我的愤怒就愈加强烈。这完全是在浪费时间，我想。乐观主义者认为，这是个完美的积极的世界！但是去他的，这是工作，这是职场！

就在这时，我听到有人喊我的名字。我转过身，惊奇地发现凯特·斯特纳鲁德正穿过草坪向我走来。

DECEPTION

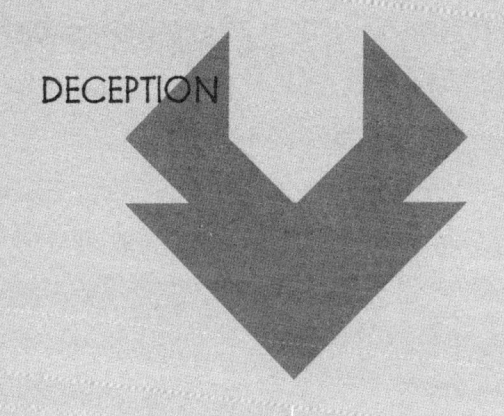

第二部分
我们是如何困在盒子里的

9. 从"人的问题"开始

我和凯特只见过一面。她是我应聘查格茹公司的八轮面试的最后的一个考官。当时我就对她印象很好，后来才发现公司里几乎每一个人都很喜欢她。她的故事在某种程度上就是查格茹公司的故事。25年前，凯特作为一名刚刚毕业的历史学系学生，加入了查格茹公司。她是查格茹公司最初的20名员工之一，最开始负责订单业务。在那段时间里，查格茹公司的未来无限灰暗。5年之后，已成为销售经理的凯特准备跳槽去一家更好的公司，最后因卢·赫伯特的劝说而改变了主意。从那时起，直到卢退休，凯特都是公司的二把手。卢退休后，她升任总裁和首席执行官。

"你好，汤姆，"她伸出手和我打招呼，"能再次见到你太高兴了。最近过得还不错吧？"

"嗯，没什么可抱怨的，"我回答着，试图掩饰见到她时的惊讶和家中的烦心事，"你最近怎么样？"

"没有哪一刻是无聊的。"她笑了起来。

"真不敢相信你竟然记得我的名字。"我说。

"什么？忘掉一个同是圣路易斯红雀队粉丝的人？永远不会。

另外,我是专程来见你的。"

"见我?"我难以置信地指着自己。

"对,巴德没有告诉你吗?"

"是的,至少我觉得他没告诉我。我不记得他说过这件事。"

"哈哈,也许他想给你一个惊喜。我不该告诉你的。"她笑着眨眨眼睛,一点也没有抱歉的样子,"我不能常来参加这些课程,但如果时间允许,我会尽量参与。这是我最喜欢做的一件事。"

"喜欢用很长时间讨论别人的问题?"我试着开了个玩笑。

"你觉得我们待会儿要做这个?"她的嘴角边流露出一丝笑意。

"不,我只是在开玩笑。这非常有趣,事实上,我还有一些问题急需解答。"

"很好,我希望你能有问题。你问对人了。没有人比巴德更了解这些事了。"

"不得不说,你和巴德同时和我会面,这让我非常意外。我是说,难道没有比和我谈话更重要的事情吗?"

凯特突然停下了。那一刻,我特别希望能收回刚才的话。

她严肃地看着我:"汤姆,这听起来也许很好笑,但是确实没有比这更重要的事了——至少在我们看来是这样。我们在查格茹公司所做的每一件事——不管是工作业务、报告流程,还是考核方式,都建立在你所学习的内容之上。"

这和考核有什么关系?我暗自想着。我一点也没有看出来这两者之间的联系。

"但是，我现在还不能要求你对这件事的重要性有太深入的了解。你才刚刚开始。我能理解你的意思，"她一边说着，一边继续往前走，速度比之前慢了很多，"我和巴德同时来找你似乎有些小题大做。确实是这样。我根本不需要来这里。巴德的讲解比我专业得多。我只是特别喜欢做这件事——只要没被其他事情困住，我每次都会来参加这样的谈话。谁知道呢？也许有一天我会把这项任务从巴德那里收回来，让自己负责。"她笑了起来，"今天是我能来的很少几次之一，尽管我可能会提前溜走。"

我们沉默地走了一段路，然后她说："和我说说吧，现在怎样了？"

"我的工作？"

"你的工作……是，但其实我是想问你今天过得怎样，和巴德的会面怎样了？"

"除了被告知我处在盒子里以外，基本都在听他说。"我尽可能微笑着回答。

凯特大笑道："我知道你的意思，但不要太当真。要知道，巴德也在他的盒子里，"她温和地笑着，轻轻地碰了碰我的手肘，"这么说来，我其实也是。"

"既然所有人都在自己的盒子里，"我说，"甚至包括你和巴德这样成功的人，做这些又有什么意义呢？"

"意义就在于，尽管我们有时会困在盒子里，或许永远都会或多或少地被困住，我们的成功却来源于时不时地跳出它的限制。它与完美无关，我们只想变得更好——更好地用系统的、切实可行的办法提高公司的运行效率。这种思维方式支撑着公司的每个层级,帮助我们把其他公司远远地甩在了后面。"

"我每次都争取过来,还有一个原因,"她继续说道,"就是为了提醒自己一些事。盒子是一个耐人寻味的东西。今天结束后,你一定能学到很多新东西。"

"凯特,我现在就有一件很困惑的事情。"

"只有一件?"在去往三楼的路上,她微笑着说道。

"也许还有更多,但我现在就想知道这一件,如果真的存在两种不同的行为方式——一种是在盒子外面,把别人看作平等的人;另一种是在盒子内,把别人当作物体。那么我的问题就是,最初让你做出选择的是什么?"我想到了劳拉,以及她让我失望的回应,"我在思考一种情况,面对某些人你根本无法跳出盒子。真的无法做到。"

我似乎应该继续这个话题,或者再想想这个问题,可是我真的不知道该怎么表述我的想法,于是我停住了。"我觉得巴德能够解答你的问题。"她说道,"我们到了。"

10. 盒子里与盒子外

"你好，汤姆，"走进房间，巴德热情地和我打了个招呼，"午饭吃得怎么样？"

"呃，这顿午饭简直太充实了。"我回答道。

"是嘛？太期待你的故事了……你好啊，凯特。"

"你好，巴德，"她一边说着一边走向存放果汁的迷你冰箱，"抱歉我毁了你的惊喜。"

"实际上，你来我丝毫不意外。我只是不确定你这次有没有时间，所以我不想让汤姆白白期待。我很高兴你能来，"他走向会议室的桌子旁，"让我们直奔主题吧，进度已经有点慢了。"

我走向早上坐过的那张椅子——它背对着窗户，靠近会议桌的中间。我刚要坐下，凯特打量了下会议室，建议我们坐在靠近白板的地方。

凯特坐在离白板最近的一边，我坐在她的对面，仍然背对着窗户。她让巴德坐在我们俩中间，背对着白板。"来吧巴德，这是你的地盘。"

"我有点希望你能继续下去。你比我做得更好。"他说道。

"噢，不，我只是临时过来旁听，你才是负责人。我到这来只是为了给你鼓鼓劲……顺便复习复习。"

巴德坐了下来，他和凯特都微笑着，明显很享受这个朋友间的玩笑。"汤姆，在我们学习新知识之前，你能为凯特复述一遍我们早上学过的内容吗？"

"好。"我快速梳理了一下思绪。

我开始跟凯特描述今天巴德教我的关于自我欺骗的内容：某一时刻我们要么在盒子里要么在盒子外；巴德在飞机上的例子说明，人们可以表现出任何外在行为，但是在盒子里和在盒子外却会产生完全不同的效果。"巴德说，"我继续说，"一个公司成功与否的关键在于我们是在盒子里还是在盒子外，作为团队负责人，我们对他人的影响也是如此。"

"我不知道有多相信这些。"凯特说。

"我看出来了，"我想表现出自己的认同，"巴德也说，在盒子里还是在盒子外，是公司最核心、最重要的人际问题。必须得说，我不太赞成这点。在过来的路上，你说查格茹的报告和考核体系都源自这个，我实在无法理解。"

"我会告诉你的。"巴德看起来很高兴地说道，"晚上回家前你一定会有所了解，至少我希望是这样。我们一会再来探讨这个问题。你刚才说午间休息的一个半小时里发生了很多事。我想问，和我们之前聊到的事有关吗？"

"嗯，我想是的。"我开始告诉他们雪莉和乔伊斯的故事，巴德和凯特看起来很开心，然而我在重述的时候又想起了那件不开心的事,"一切都很好,直到……"我差点要说出我和劳拉之间的故事,好在我及时阻止了自己,"然后我就给一个人打了电话。"我说。

凯特和巴德一脸期待地看着我。

"我不想多谈,"我试图掩饰自己婚姻中的问题,"它和我们说的事情没什么关系。但是这个特殊的人却深深地困在自己的盒子里。只要开始和她说话,我也会不由自主地走进盒子。这就是打电话时发生的事。我已经走出了盒子,我刚刚有了两段非常愉快的经历,我只是想打个电话看她在做什么。但是她拒绝了我的关心,她阻止我走出盒子,又狠狠地把我推了进去。在这种情况下,我觉得我已经做到了自己所有能做的事。"我期待凯特和巴德能说些什么,但他们却都沉默着,似乎在等待我继续说下去。"其实也没什么大不了的,真的,"我继续说道,"我只是有点困惑。"

"关于什么?"巴德问道。

"关于我们一开始谈到的盒子,"我说,"我是说,如果有人一直把我们推进这个盒子,我们能做什么呢?我想知道的是,如果有人一直逼着你再次进入盒子,你又能怎么办?"

说到这里,巴德站了起来,摸了摸他的下巴。"好吧,汤姆,"他说,"我们当然要明白应该怎样跳出盒子。但是首先,我们得知道我们是怎样进去的,我来跟你说个故事吧。"

11. 何为自我背叛

"开始你可能觉得这个故事很蠢，它甚至不是工作上的事。但在需要时我们可以把它运用到职场上。不管怎样，这就是个简单的小故事，甚至平淡无奇，但却能清楚地说明我们是怎样进入盒子的。

"许多年前，大卫还是个婴儿，晚上我经常被他的号啕大哭吵醒。那时他大概只有四个月大。我盯着墙上的钟，凌晨一点。在那一瞬间，我有种感觉——我应该做点什么。我要赶紧起床去照顾大卫，这样南希就可以好好睡一觉了。"

"这种想法非常自然，"他继续说道，"我们都是人。当我们跳出自己的盒子，把别人当人看的时候，我们就会有一种非常自然的想法，也就是说，我们会把别人看作和自己一样的人。他们也会有期待、有恐惧，需要被理解，也需要被照顾。于是在某种情境中，我们会想为别人做点事——我们可以帮助他们，可以为他们分担一些烦恼，可以为他们做些力所能及的事情。你明白我的意思吗？"

"我明白，你说得很清楚。"我说。

"这就是那个情境——我感到我应该为南希做些什么。但是你知道后来怎样了吗？我没有去做。我只是躺在床上听着大卫哭。"

我当然想象得到，我也经常这样等着劳拉去哄托德。

"也许你会说我背叛了自己内心——为南希做些什么，"他说，"这听起来有点严重，不过我的意思是，和心里觉得应该去做的事情恰恰相反，我背叛了自己应该为别人做些什么的想法。我们把这个行为叫作'自我背叛'。"

说到这里，他转向白板开始写字。"你介意我把这张图表擦掉吗？"他指着表格上的两种行为方式问我。

"当然不，我已经记下来了。"我说。

在白板上的左上角，巴德写道：

"自我背叛"

1. 心里觉得要为别人做些什么，实际行动却背道而驰，这种行为就叫作"自我背叛"。

"自我背叛是这个世界上最常见的事情，汤姆，"凯特用一种更加亲和的语气补充道，"多听几个案例，你就会了解更多。"她看向巴德，"你介意我讲吗？"

"当然不，请讲。"

"昨天在纽约的洛克菲勒广场，"她开始说道，"我走进电梯，门快要关上的时候，我看到有人从角落里急匆匆地跑向电梯。那一刻，我觉得我应该为他留住电梯。但是我没有。我眼睁睁地看着电梯关上,最后的画面是他气喘吁吁地快跑,手臂扑向前方。你有过这样的经历吗?"

我不得不承认,沉默着点了点头。"或者你有没有这样的时候,你觉得自己应该帮助孩子和伴侣,但最后却什么也没做。或者你曾经觉得应该向某人道歉,但却始终没有完成。又或者你知道的某个信息恰好能帮到自己的同事,但你却闭口不提。又或者你知道自己需要加班帮某人完成任务,但你却直接回家了,甚至没有和那个人说一声。我还可以列举很多。汤姆,我做过所有这些事,我猜你也有过这样的经历。"

"是的,我确实也有过。"

"这些都是自我背叛的故事——当你感觉自己需要为别人做些什么,却最终什么也没有做。"

凯特停住了,巴德接着说:"汤姆,这不是一个里程碑式的想法。它很简单,也很常见。但是它的启示和影响却非常深远。令人惊奇的是,它也简单到不可思议。让我来跟你解释吧。

"让我们回到最初那个故事吧。想想那个时刻。我觉得我应该起床,这样南希就不会被吵醒了,但是我却并没有这样做。我只是躺在南希的身旁,等着她起床去照顾大卫。"

巴德一边说一边在白板中央画下了这样的图:

"现在,在我躺在那里听着大卫啼哭的那一刻,你觉得我会怎样想南希?"

"也许你觉得她有些懒惰。"我说。

"好的,懒惰。"巴德点点头,把这个词加在图表里。

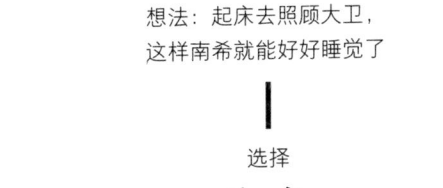

```
            想法：起床去照顾大卫，
            这样南希就能好好睡觉了
                    │
                    │
                   选择
                  ╱    ╲
                 ╱      ╲
       按照内心的想法去做    与之相反，自我背叛
```

"不够体贴，"我接着说，"不领你的情，比较迟钝。"

"说出这些词对你来说轻而易举啊，汤姆。"巴德揶揄道，把我刚才说的词都加在了图表上。

"是的，你激发了我的想象力，"我说，"我自己是无法想出来的。"

"你一个人当然想不出来，"凯特说，"你也一样，是吗，巴德？也许你们两个都太着急睡觉所以没时间想这些呢。"她笑着说。

"嗯，有人加入这场争论啦！"巴德大笑道，"谢谢你，凯特，你提出了一个关于睡觉的有趣话题。"他转向我，问道，"你觉得南希当时真的在睡觉吗，汤姆？"

"呃，也许吧，但是我不觉得。"

"所以你觉得她当时是在伪装——假装在睡觉？"

"这是我的猜测。"我说。

巴德在图表上写下"骗子"。

"巴德，请等一下，"凯特提出了异议，"也许她是真的睡着了——她为你们做了太多，所以精疲力尽地睡着了。"凯特对这个猜想很满意。

"很好的想法,"巴德咧着嘴笑了,"但是记住,她是否真的睡着了,远远没有我觉得她是否睡着了重要。我们在谈论我的想法是如何背叛了自己。这才是问题的关键。"

"我知道,"凯特坐回自己的椅子上,"我只是在开玩笑。如果是我在讲故事,你们可能也有很多要说的。"

"所以在这一刻,"巴德看着我继续说,"如果她真的在假装睡觉,任由自己的孩子大哭大闹,你觉得她是一位什么样的母亲?"

"是一个差劲的母亲。"我说。

"是一个怎样的妻子?"

"同样,一个差劲的、不会为他人着想的妻子。可能她认为你做得不够。"

巴德把这些都写在了图表上。

"所以现在我这样,"他往后退了一步,看着自己刚才写的东西,"背叛了自己。在那一刻,我认为妻子懒惰、不体贴,是一个不关心孩子的差劲母亲,一个把我的付出视为理所当然的差劲妻子,一个假装睡觉的骗子。"

"恭喜你啊,巴德,"凯特满含嘲讽地说,"你成功地诋毁了一个我所认识的最好的人。"

"我知道。这听起来很可怕,不是吗?"

"我必须说'是'。"

"还有更糟糕的,"巴德说,"这就是我形成对南希的看法的过程。自我背叛之后,你觉得我会怎样看待自己呢?"

"噢，你应该会把自己当作受害者——一个无法好好睡觉的可怜人。"凯特回答说。

"是的。"他把"受害者"这个词加到图表里。

"你也会把自己当作认真工作的人，"我补充道，"你第二天早上要做的工作可能对你来说非常重要。"

"很好，汤姆，你说得很对。"巴德说着又把"认真工作"和"重要"加到图表里。

"现在呢？"他停顿了一下，"如果我那天晚上起床了呢？你觉得我会怎样看待自己？"

"哦，你会觉得自己'很棒'。"凯特回答道。

"好吧，我们换个角度来想，"他继续说，"谁更敏锐地听到了孩子的哭声？"

我忍不住笑了起来。巴德看待南希和自己的不同方式，一方面显得特别荒谬可笑，另一方面却又如此自然常见。"嗯，很明显，你是那个更加敏锐的人。"我说。

"如果我更关注孩子的哭声，那我是一个怎样的父亲呢？"

"一个好父亲。"凯特答道。

"是的，如果我这样看自己，"他指了指白板——"把自己看作勤奋、尽责、关心孩子的好爸爸，那我又是一个什么样的丈夫呢？"

"一个好丈夫——尤其是在你需要忍受一个像你描述的那么坏的妻子时。"凯特说。

"是的，"巴德把这点又加进了图表，"现在让我们来看看发生了什么。"

"让我们来思考一下，首先，在自我背叛之后，我是如何看待南希的——我认为她懒惰、不够体贴。请想想这点——我对南希的这些感觉和想法能让我重新考虑自己该做什么，并且付诸行动吗？"

"一点也不。"我说。

"那这些想法对我来说又意味着什么呢？"巴德问道。

"只是一种借口和心理安慰罢了。它们让你觉得自己可以心安理得地躺在床上，而不去照顾大卫。"

想法：起床去照顾大卫，这样南希就可以好好睡觉了。

选择

按照内心的想法去做 　　　　与之相反，自我背叛

我怎样看待自己	我怎样看待南希
受害者	懒惰
认真工作	不够体贴
重要	不领情
很棒	漠不关心
体贴	骗子
好爸爸	坏妈妈
好丈夫	坏妻子

"是的。"巴德转向白板。他在自我背叛的描述中又加了第二句话：

"自我背叛"

1. 心里觉得要为别人做些什么，实际行动却背道而驰，这种行为就叫作"自我背叛"。
2. 于是，我开始为自我背叛的行为找理由。

"如果我背叛了自己，"巴德转身走向我们，"我的想法和情感会告诉我，不管我做了什么或者没做什么，都是理所当然的。"

他坐了下来，而我想到了劳拉。

"下面用几分钟时间，"他说，"看看我的想法和感情是怎么运作的。"

12．自我背叛的特征

"首先，想想这个——南希在我眼中变得越来越糟糕，这是自我背叛之前还是之后？"

"当然是在之后。"我说。巴德的问题把我从劳拉的问题里拉回了他的故事。

"是的，"巴德说，"那你觉得睡觉这件事对我来说变得非常重要，是在自我背叛之前还是之后呢？"

"是之后。"

"那你觉得其他的利益相关项，比如我第二天早上的工作变得更重要了，这是在自我背叛之前还是之后呢？"

"同样，也是在之后。"

巴德停顿了一会。

"现在又有另外一个问题，再想想我是怎样看待南希的。你觉得事实上，她真的像我在自我背叛之后想象的那么糟糕吗？"

"不，也许并没有。"我说。

"我可以为南希作证，"凯特说，"这个女人和你们描述的没有一点相似之处。"

"确实是。"巴德点点头。

"但是如果她确实是这样呢?"我突然插嘴说,"我是说,假如她确实是一个非常懒惰、不够体贴的人,甚至是一个坏妈妈、坏妻子,那又怎么说呢?这难道没有这种可能?"

"汤姆,这是一个好问题,"巴德说着,又从他的椅子上站了起来,"让我们来想想这个问题吧。"

他开始沿着桌子踱步。"为了让讨论更方便,我们就这么说吧,南希确实懒惰,同时我们也假设她不懂得体贴别人,毕竟有些人确实是这样。现在问题来了——如果在自我背叛之后,我觉得她懒惰而且不够体贴,那么在自我背叛之前,她一定也是懒惰和不够体贴的,是吗?"

"是的,"我回答,"如果她懒惰且不够体贴,那不管是在之前还是之后,情况都不会发生改变。"

"好的,很好,"巴德点点头,"但是在那种情境下,我心里觉得应该起床帮助她,即便她既懒惰又不体贴。在自我背叛之前,我并没有把她的缺点当作不去帮助她的理由。我是在自我背叛之后才产生了这样的想法,把她的不足当作自己不作为的借口。这样说你能明白吗?"

我不太确定。这似乎有点道理,但却让我有些不舒服,因为我想起了自己家中的类似情况。劳拉一点也不体贴,尽管她并不懒。我确信她一个糟糕的妻子,至少最近是这样。而这恰恰决定了她是否值得我去帮助。对某个并不在意我的人报以真诚并付出真的是太难了。"我想我明白了。"我说。但我仍然有些怀疑,不知道该怎么表达自己的想法。

"还有一种思维方式,"巴德看出了我的纠结,"记得我们之前讨论的吗?即使南希真的又懒惰又不体贴,你觉得在我眼中,她是什么时候才变得更懒惰、更不体贴的?是在自我背叛之前还是之后?"

"嗯,"我回忆起了之前讨论过的问题,"之后。"

"对!所以即使她真的既懒惰又不体贴,但关键是,在自我背叛中的我把她想得比实际更糟糕了。而这是我的错而不是她的。"

"我明白了。"我点点头。

"所以想想这个,"巴德继续说,"我在自我背叛时会认为我没能起床帮助南希是她的错——因为她懒惰、不够体贴还有其他很多毛病,但这是事实吗?"

我看了看这张图表。"不,"我仔细盯着这张表,"你认为这是事实,但其实不是。"

"是的。事实是,她的过错和我是不是应该帮助她毫无关系,但我却没有这样做。我只是在为自己寻找借口时才把注意力集中在她的过错上并将其放大。在自我背叛之后,事实恰好和我想象的完全相反。"

"是,我觉得你说得对。"我慢慢地点了点头。这听起来更有趣了,但我仍然在思考我和劳拉之间的事要如何才能解释清楚。

"这就是巴德扭曲对南希的看法的过程,"凯特补充说,"但是,注意,他对自己的看法甚至也发生了扭曲。你觉得他真的像他自己所想的那样勤奋、公正、体贴和优秀吗?'好爸爸''好丈夫'

只是他自己的想法，事实果真如此吗？"

"你说得对，他并不是，"我说，"在他放大南希的缺点的同时，他也把自己的弱点缩到了最小。他在放大自己的优点和美德。"

"是的。"凯特说。

"所以，想想吧，"巴德重新回到了主题，"在自我背叛之后，我是否正确地看待了自己？"

"没有。"

"那南希呢？在自我背叛之后，我是否又正确地看待了她？"

"不，事实上你没有正确地看待任何一件事。"我说。

"所以，自我背叛后，我看待世界的眼光扭曲了。"巴德总结道。他在自我背叛的描述下面又加上第三行字：

"自我背叛"

1. 心里觉得要为别人做些什么，实际行动却背道而驰，这种行为就叫作"自我背叛"。
2. 于是，我开始为自我背叛的行为找理由。
3. 当我用一种自以为正确、公正的眼光来看待现实时，我看到的现实是被扭曲的。

"所以汤姆，"在我们停下来读他刚写的内容时，巴德问道，"在自我背叛之后，我又在哪里呢？"

"你在哪里？"我试图弄明白这个问题的含义。

"想想吧，"他回答道，"在自我背叛之前，我只是看到我可以为南希做点事，她是一个需要我的帮助的人，我清楚地看到了这个情况。但在自我背叛之后，我对她和自己的看法都发生了改变。我为自己的不作为寻找理由，我的感觉也因为我的想法而发生了系统性的变化。我背叛自己的时候，自我欺骗就开始了。"

"我明白了，"我兴奋地说道，"所以当你背叛自己，你就走进了这个盒子。这就是你刚才问题的答案，你在哪里？这是你想说明的吗？"

"完全正确"，他再次转过身，在白板上写下一句话，"所以，当我自我背叛的时候，我就进入了盒子。"

"自我背叛"

1. 心里觉得要为别人做些什么，实际行动却背道而驰，这种行为就叫作"自我背叛"。
2. 于是，我开始为自我背叛的行为找理由。
3. 当我用一种自以为正确、公正的眼光来看待现实时，我看到的现实是被扭曲的。
4. 所以，就在自我背叛时，我进入了盒子。

"巴德，在此基础上，我觉得应该再加一点总结到你的图表里。"凯特说着，站起身来走向白板。

"当然，请吧！"巴德回到了座位上。

她用一个方框圈出了自我背叛之后的部分，在旁边写道："就在自我背叛时，我进入了盒子——我被自己欺骗了。"

"现在，"她面向我，"我从巴德的故事里总结出自我背叛的四个特点。我会直接把这四点写在图表上。"

"首先，"她说，"还记得巴德在自我背叛之后是如何把南希想象得比实际糟糕的吗？"

"记得，"我点点头，"他放大了她的缺点。"

"完全正确。"

凯特把"放大别人的缺点"加在了图表里。

"那巴德自己的错误呢？"她问道，"在自我背叛之后，他有清楚地看到它们吗？"

"没有，"我回答，"他刻意地忽略了自己的缺点，却紧盯着南希的过错。"

"你说得对。"她把"放大自己的优点"加在了表格里。

"你还记得巴德在自我背叛之后，是如何看待睡觉、工作这些事的重要性的吗？"凯特继续问道。

"自我背叛之后，这些事对他来说似乎比之前更重要了。"

"没错。在自我背叛之后，所有能为自我背叛提供理由的感受和事物都被放大了，例如，睡眠、夫妻双方的平等付出，以及第二天工作的重要性都被突出和放大了。"

凯特把"放大所有能为自我背叛提供借口的事物的重要性"加到了图表里。

"好的，"她说，"在我坐下来之前，还有一件事。在这个故事里，巴德从什么时候开始责备南希的？"

我看了看图表。"在他开始背叛自己的时候。"我回答。

"是的。在他觉得自己应该帮助她的时候,他并没有责备她。就在他拒绝这样做的时候,他却开始迁怒于她了。"

她把"迁怒"加到图表里。

"想想在自我背叛之后,责备和迁怒是如何占据我的内心的,"巴德说,"图表上这些都是我当时对南希的真实想法。想想我在进入盒子之后对她的情感和态度发生了什么变化?比如,你觉得我会感到很不愉快吗?"

"当然,肯定会这样。"我说。

"但是想想,"巴德把我的注意力再次引回图表上,"在我觉得自己应该帮助她时,我有感觉到不愉快吗?"

"没有。"

"那愤怒呢?你觉得我在进入盒子之后更生气了吗?"

"当然,想想你是怎么看待她的吧。如果我的妻子那样,我肯定也会气到发疯。"我为自己的话感到震惊,因为看着这张图表,我觉得自己的妻子就恰恰如此。

"你说得对,"巴德同意我的看法,"一想到妻子对孩子漠不关心,我就非常沮丧。在盒子里,我会不停地迁怒于人。我的潜意识在说:'我不愉快是因为你让人不愉快,我生气也是因为你做了一些让我生气的事。'在盒子里,我的思维就是不断地迁怒于人——我的理性和情感都告诉我,南希是错的。"

"这样说吧,"他继续说,"南希是否真的应该被责备?我的不快和愤怒是否真的像我内心深处所暗示的那样,是因为南希呢?又或者,我内心深处的不快和愤怒是否说明了事实呢?"

我思考了一会。我不确定。情感和想法竟然会说谎，巴德似乎在暗示这一点，我感到有些不可思议。

"这样想吧，"巴德指着白板，继续说，"在这个故事里，在气愤和沮丧从无到有的这段时间里，唯一发生的事情是什么？"

我看了看图表。

"你决定不去做你认为应该做的事，"我说，"你背叛了自己。"

"是的。这就是事情的全貌。所以，是什么导致了我对南希的愤怒和沮丧？"

"自我背叛？"我的思绪沉浸在这个想法中，声音也不由自主地拖得很长。真的吗？这对吗？

我再次审视图表。在巴德背叛自己之前，南希的错误并不重要，她只是一个需要帮助的妻子。我可以理解这点。但在自我背叛发生后，她在巴德心中就完全不一样了。她的所作所为让巴德觉得，她似乎不应得到任何帮助，而这并不正确。在巴德愤怒、沮丧之前，南希什么都没有做，而巴德开始了自我背叛，是巴德的情绪欺骗了他！

"我的情况不是这样！"我在心里呐喊。问题确实出在劳拉身上！这绝对不是我的臆想——对天发誓我没有在编故事。她对我没有表现出哪怕一丝关心和温柔。她就像一块冷冰冰的刀片。而我知道被刀片割伤的痛苦。伤害别人是她的拿手好戏。难道巴德是想说过错在我吗？那劳拉呢？为什么不是她的错？

这个想法牢牢地困住了我。是的，我告诉自己。也许就是她的错。她才是那个自我背叛的人。我开始好受一些了。

想法：起床去照顾大卫，这样南希就可以好好睡觉了。

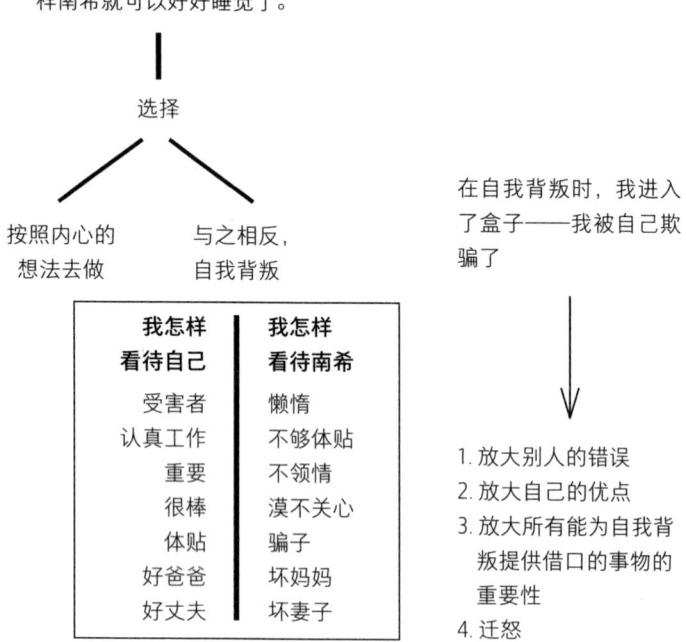

选择

按照内心的想法去做　　与之相反，自我背叛

我怎样看待自己	我怎样看待南希
受害者	懒惰
认真工作	不够体贴
重要	不领情
很棒	漠不关心
体贴	骗子
好爸爸	坏妈妈
好丈夫	坏妻子

在自我背叛时，我进入了盒子——我被自己欺骗了

1. 放大别人的错误
2. 放大自己的优点
3. 放大所有能为自我背叛提供借口的事物的重要性
4. 迁怒

但是等等，我又开始和自己争辩。我在迁怒。这种想法本身就是一种迁怒和责备。而迁怒是自我背叛之后才发生的，而不是之前。

"是的，那又如何呢？"我迅速做出还击，"劳拉才是那个拿着刀伤害别人的人，我的迁怒和责备完全理所应当。"

但是，为什么我需要感到理所应当呢？

噢，去他的！为什么我要这样质问自己？我在心里说，劳拉才是那个有问题的人！

但是，巴德也有过这样的想法。我回忆了起来。

过去的生活经验和今天学到的新内容让我思绪万千，没有一方能够完全说服我。我陷入了深深的困惑。

突然，我发现了一个解决方法。

13．盒子如何影响你的工作与生活

我抬起头看着白板。

是的！我在心里暗自欢呼。所有这些问题都是因为巴德背叛了自己对南希的感情。但是我对劳拉却鲜有这样的感情。而原因也非常明显——劳拉比南希差太多了。没人会觉得为一个不好的人付出是理所应当的。我的情况完全不同。巴德是因为自我背叛才有了这样的问题。我没有背叛自己。我心满意足地坐回自己的位置。

"我觉得我已经明白了，"我准备问下一个问题，"我觉得我已经理解了自我背叛这个概念。让我来说吧，作为人类，我们会理解别人的需求，也会有帮助别人的想法。是吗？"

"是的。"巴德和凯特几乎同时点头。

"如果我有这样的一种意愿，却又背叛了它，那么我就背叛了自己想为他人做些事的意愿。这就是所谓的自我背叛。是吗？"

"是的。"

"如果我背叛了自己，我就会用一种决然不同的眼光去看待别人、自己，以及周围的世界。所有事情都会被曲解，好让我觉得自己的所作所为都是正确的。"

"是的，"巴德说，"你会为自我背叛寻找借口，让自己心安理得。"

"好，"我说，"我明白这点。这就是你们所说的'盒子'。就在自我背叛之时，我进入了盒子。"

"是的。"

"好。但现在我有个问题，如果我没有违背自己的意愿呢？比如，孩子哭泣时，我没有想过要起来照顾呢？如果我摇醒妻子，让她去照顾孩子呢？按你所说，这样的我是不是没有自我背叛，也就不在盒子里呢？"

巴德停顿了一会，说："汤姆，这个问题非常重要。我们需要仔细思考一下。我不知道你是不是真的在盒子里。你要想着生活中的情境，自己做出判断。但有件事我们还没有讨论到，而这可能会对你的问题有所帮助。"

"目前为止，我们只学了怎样进入盒子。现在，我们来讨论我们是怎样一直带着这个盒子的。"

"怎样一直带着这个盒子？"我问。

"是的，"巴德站了起来，指了指那张图表，"注意看这里，自我背叛之后，我为自己寻找了很多借口——我很勤奋、很重要、很体贴、很优秀，我是那种所谓的好爸爸和好丈夫。在自我背叛之后我就是这样看待自己的。但现在有个重要的问题，在自我背叛之前，我就一直躺着想那些为自己开脱的理由吗？"

我想了想，说："不，我不这样认为。"

"是的。这些借口是我在欺骗自己、需要为自己辩解时才想到的。"

"有道理。"我说。

"想想,"巴德继续说,"我们谈论的这个关于自我背叛的故事是个非常简单的例子,也过去很多年了。你觉得那是我唯一一次自我背叛吗?"

"我很怀疑。"我说。

"才只是怀疑?"巴德笑了起来,"某种意义上说,我没有哪一天甚至没有哪一个小时不在自我背叛。我这一生都在自我背叛,凯特也是,查格茹公司的每一个人都是。每次自我背叛,我都会为自己找到很多借口,就像我们刚才谈论的那样。时间久了,一些自我安慰的借口就成了自己的一部分。它们就是我在每一个新环境里的盒子。"

说到这里,巴德加上了第五句话:

"自我背叛"

1. 内心觉得要为别人做些什么,实际行动却背道而驰,这种行为就叫作"自我背叛"。
2. 于是,我开始为自我背叛的行为找理由。
3. 当我用一种自以为正确、公正的眼光来看待现实时,我看到的现实是被扭曲的。
4. 所以,就在自我背叛时,我进入了盒子。
5. 长此以往,盒子就成了我的特质,而我会一直带着这个盒子走下去。

我坐在那里，努力思考着巴德的话，我不确定我真的听懂了。

"我来解释一下。看看这个自我开脱的故事，"巴德指向图表里的"好丈夫"说，"让我们想象一下，在这么多的自我背叛里，这个自我辩解成了我的一个特征。所以在生活和婚姻里，我都会把自己看作好丈夫。这样说对吗？"

我点点头。

"现在想想这个——母亲节的晚上，我的妻子用一种受伤的语气对我说，'我觉得你今天就没想起我来'。"

巴德停了下来。几个月前，劳拉在家里也对我说过几乎一样的话。

"所以如果我带着那个自我辩解的想象，觉得自己是'好丈夫'。你觉得我会怎么回应南希对我的指责，说我不够关心她呢？我是不是会立刻反驳，反过来责备她呢？"

"当然，"我想到了劳拉，"你会责备她心不在焉，对你为她做的所有事情并不领情。"

"是的，所以我可能会指责她不懂得感恩。"

"甚至比那个还严重，"我补充道，"你会觉得自己掉进了陷阱。我是说，她指责你不够关心她，然而实际上她才是那个不怎么关心你的人。她首先不肯为你付出，所以你很难让自己全心全意地为她做事。"我突然停了下来，一阵难堪涌在心间。巴德的故事让我沉浸在苦恼之中，我的轻率也让巴德和凯特瞥见了我内心深处对劳拉最原始的情感。我狠狠地诅咒着自己，决心从自己的故事里抽离出来。

"你说得对，"巴德说，"我完全明白你的意思。你觉得我在这样想时会放大她的过错吗？或者她在我心中是不是会比实际上更加糟糕？"

我不想回答，而巴德却在等待我的回应。我只能淡淡地说："我觉得会这样。"

"注意，"巴德继续说，"如果我有这样想法，我还会认真地思考南希的抱怨吗——我是否真的忽略了她？"

我想到自己和劳拉永无止境的争吵。"你可能不会这样质问自己。"我有气无力地说。

"现在的我，"巴德指着白板，"指责南希、放大她的缺点、忽视自己的错误。我在哪里？"

"大概在盒子里吧。"我回答着，却没有听见自己在说什么，满脑子都在思考那个问题——那南希呢？她也在盒子里啊。我们为什么对此视而不见？我不禁怒从中来，对所有这一切。

"是，"我听到巴德说，"但请注意，我是不是非得违背自己的意愿才会进入盒子呢？"

这个问题让我有些激动。"什么叫'非得'？"我气恼地质问，声音里流露出的震怒再次暴露了自己的内心。我花了整整一分钟才把自己抽离出来。"对不起巴德，"我试图掩饰自己的情绪，"我没太听懂这个问题。"

巴德温和地看着我。他显然看出了我的愤怒，但却没有因此停下对话。"我的问题是：现在我在盒子里审视南希，我责备她、迁怒于她、放大她的缺点和错误。但在此之前，我是否真的需要一个可以违背的意愿，才能进入盒子呢？"

不知为何，巴德的问题吸引了我的注意力，让我瞬间平静了下来。回顾这个故事，我并不记得他什么时候提到过他违背了自己的意愿。"我不知道，"我说，"我觉得应该不是。"

"说得对。我并不需要违背自己的意愿才能进入盒子，因为那时我已经在盒子里了。"

我一定露出了困惑的表情，因为凯特突然插进了我们的对话。"汤姆，记住巴德刚才说的。我们一直背叛自己，时间久了，就会用各种方式来为自己开脱。我们会把这些自我辩解的想象带进新的情境里，在某种程度上说，我们在进入新情境的时候就已经在盒子里了。我们没有把别人看作平等的人，而是在自己创造的辩解想象里看着他们。如果有人质疑我们的辩解，我们就会把他们当作威胁。如果他们强化了我们辩解的想象，我们就会把他们当作盟友。如果他们对我们的辩解不屑一顾，那我们也用不着顾忌他们。无论如何，他们对我们来说都仅仅是物体，我们已经在盒子里了。这就是巴德的观点。"

"没错，"巴德同意她的说法，"如果我已经在盒子里了，我就不会为对方做任何事情。所以事实上，想要帮助某个人或许能说明我不在盒子里，但它更可能是一个信号，说明我正深深地困在盒子里。"

"所以你是说，如果我根本不想为谁——比如我的妻子劳拉做点什么，就说明我已经在盒子里了？你是这个意思吗？"我问道。

"不，不一定是这样，"巴德一边走向座位，一边回答，"我只是说，对我而言，事实通常是这样，至少对我生命中最亲近的人来说是这样。但你和劳拉是不是这样，我就不知道了。你需要自己衡量一下。有一个通用的法则，我先跟你解释清楚——如果你在某个情景里感到自己陷于盒子之中，但又没有找到可以违背的意愿，这可能说明你已经在盒子里了。而且你会发现，这种方式也可以帮助我们检查自己是否在潜意识中已经有了自我辩解想象。"

"比如，自认为是好伴侣？"我问道。

"是的，或是最重要、最能干、最聪明和最勤奋的人，又或是无所不知、无所不能的人，抑或不犯错误的人、为别人着想的人。想想吧，所有事情都可以被歪曲成自我辩解的想象。"

"歪曲？什么意思？"

"我是说，大多数自我辩解的想象都是在盒子里憧憬着盒子外的美好。例如，觉得自己是个好伴侣。而这恰恰是我们应该为对方做的事。又例如，不管从事什么行业，我们总想做见多识广、思虑周全的人。这样的例子还有很多。而这恰恰是我们自我辩解时没有成为的样子。"

"我好像没听懂你在说什么。"我说。

"嗯，"巴德又站了起来，"让我们先来想想自我辩解吧。"他又放缓了速度，"例如，为他人着想当然很好，但当我把自己想象成那种为他人着想的人时，我心中最关注的是谁呢？"

"是自己。"

"没错。所以自我辩解的想象欺骗了我。它告诉我,我关心的是其他人。其实在这种想象下,我最关心的是自己。"

"有道理,"我试图寻找他逻辑中的漏洞,"那其他情况呢,比如自以为无所不知。它会带来问题?"

"想想吧。假如你自我辩解的想象说你无所不知。别人向你推荐一些新事物时,你会有什么样的感觉?"

"大概会很厌烦,并给他的建议挑刺。"

"没错。那么他能激发你的灵感和想法吗?"

"应该不会。"

"那你最终会学习到新知识吗?"

"不,我觉得不会。哦,我知道你的意思了,"我突然说道,"对学习这件事的自我辩解,正是阻止我学习的障碍。"

"是的。有了自我辩解的想象,无所不知还会是我最关心的事吗?"

"当然不是。我猜你最关心的是自己——你是否看起来无所不知。"

"正确,"巴德说,"这就是大多数自我辩解的本质。"

巴德继续说着,但我却有些心不在焉。我开始沉浸到自己的遐想中:

好吧,我身上就揣着盒子。也许我也有巴德所说的自我辩解的想象,也许我是在盒子里看待劳拉,也许劳拉平时对我来说就是一个物体。好吧,但是劳拉呢?所有这些都只说我有问题。但劳拉呢?她自我辩解的想象呢?我们怎么不说这个!

我的怒火又燃烧起来，因为我突然意识到这一切——包括我愤怒里的虚伪。我对劳拉在盒子里感到愤怒，但当我对她在盒子里感到愤怒时，我恰恰也在盒子里。我对她生气是因为她和我一样！这个想法一下子戳到了我的痛处，瞬间劳拉的形象在我心中改变了——不是说她没有任何问题了，而是我也看到了自己身上存在的问题。她的问题再也不能被我当作自我辩解的挡箭牌了。

凯特的声音打乱了我的思考："汤姆！"

"嗯？"

"你懂了吗，汤姆？"

"是的，我懂了，"我慢慢地回答，"我不是很喜欢这个说法，但是我理解了。"我停顿了一下，仍然在思考着劳拉，"我觉得我需要处理些自己的事情。"

这一刻的确有趣。在那个下午，我第一次对巴德和凯特敞开心扉，第一次承认自己确实存在问题。不仅如此，我其实早就知道自己存在问题，在某种程度上说，问题还很严重，但在那一刻之前，我一直觉得如果我承认自己有问题，就相当于举手投降，我被狠狠地摔在了地下，而劳拉却赢了。但现在我意识到事情并不是这样。我感受到了一种奇特的自由，负担消失了。劳拉没有赢，我也没有输。这个世界和前一刻的相比焕然一新。我看到了希望。神奇的是，在发现自己存在问题的时候，我竟看到了希望。

"我知道你的意思，"凯特说，"我也有一堆自己的事情要处理。"

"我也是。"巴德点点头。

房间里突然沉默了片刻。

"我们还需要讨论一件事,"巴德说,"然后再谈工作,谈谈它对查格茹的影响。"

14. 共谋

"到现在为止,"巴德说,"我们已经审视过盒中人的内心体验。可以想见,我的盒子对别人也有着很大的影响。"

"想想吧,"他走向白板,"假设这是我,在自己的盒子里。"他一边说着,一边画了一个盒子里的小人。

"盒子里的我在和其他人交流什么?"

"你在和其他人交流什么?"

"是的。"

"嗯……大概是在责备他们。"

"是的。那你觉得会有人一天到晚都在对自己说'嘿,我今天做了很多活该挨骂的事,得有个人来骂骂我'?"。

我笑了起来:"哈哈,当然不会。"

"我也不这么认为,"巴德说,"大多数人都会这样想,'看,我的确不完美,但我已经做到了最好。'鉴于我们大多数人都带着盒子,处于自我防御的状态,做好随时用自我辩解反击批评的准备,如果我在盒子里责备他们,他们会做何反应呢?"

"你的责备会让他们进入他们自己的盒子。"

"你说得对，"他说着，又画了第二个在盒子里的人，"我的责备让其他人也进到盒子里，他们随后又会抱怨我对他们不恰当的指责。而我又感觉自己对他们的批评非常正当，他们的抱怨是不恰当的，于是我又变本加厉地责备他们。当然，在盒子里的他们也会觉得抱怨我是正当的，因为我对他们的苛责是不恰当的。他们会更加怨恨我。这就形成了一个恶性循环。所以，当我在盒子里时，我也迫使其他人进入盒子来回应我。"他说着，又往两个盒子中间加上了双向的箭头，"而其他人在盒子里予以回应的时候，也会让我愈发地龟缩在盒子里，就像这样。"

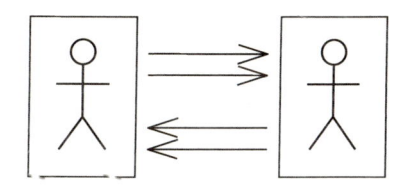

随后巴德在自我背叛的描述里加上了第六句话：

"自我背叛"

1. 心里觉得要为别人做些什么，实际行动却背道而驰，这种行为就叫作"自我背叛"。
2. 于是，我开始为自我背叛的行为找理由。
3. 当我用一种自以为正确、公正的眼光来看待现实时，我看到的现实是被扭曲的。

4. 所以，就在自我背叛时，我进入了盒子。
5. 长此以往，盒子就成了我的特质，而我会一直带着这个盒子走下去。
6. 在盒子里的我也会促使别人进入盒子。

"如果你愿意，也可以往这个图表里添加内容，"凯特指着图表说，"然后你会发现如果有人困在盒子里，这样的互动和自我辩解就会发生。我给你举个例子吧。

"我的儿子布莱恩今年18岁了。老实说，他一直不让我省心。有件事特别头痛——他总是很晚才回家。"

一直在想劳拉让我差点忘了我和托德之间的问题。凯特提到了她的儿子，我也瞬间想到了自己的儿子托德，我的心情更糟了。

"现在想想，我就是在盒子里对待布莱恩的。你认为他回家晚了我会怎样看待他？"

"嗯，"我说，"你会觉得他没有责任心。"

"很好，"凯特说，"还有呢？"

"你会觉得他老是给你制造麻烦。"

"而且很不尊重你。"巴德补充道。

"是的，"凯特同意我们的说法，随后，她指向白板，问，"我可以修改这个关于抱怨的图表吗，巴德？"

"当然可以。"

巴德坐了下来，凯特走向白板。她写下了我们刚才的总结。"好的，"她往图表上加了一些强调的符号，"现在看看这张表吧。"

"如果我在盒子里把布莱恩看作不负责任的、不尊重他人的

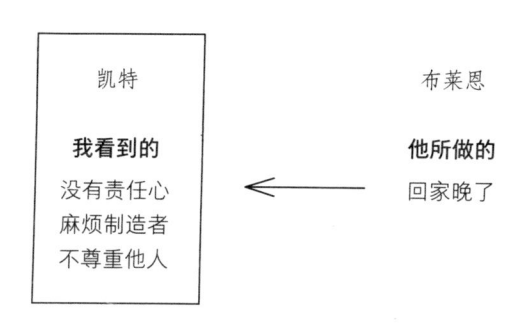

```
        凯特                    布莱恩

     我看到的                 他所做的
     没有责任心    ←         回家晚了
     麻烦制造者
     不尊重他人
```

麻烦制造者,你觉得在这种情况下,我会做什么呢?"

"呃⋯⋯"我思考着。

"会严厉地管教他。"巴德插嘴说。

"也会严肃地批评他。"我说。

"很好,"凯特一边说,一边向图表里添加内容,"还有其他的吗?"

"会不停地打探他的生活,想知道他是否惹了麻烦。"我说。

她把这句话也加到了表格里,然后走向另一边。"现在让我们假设布莱恩欺骗了他自己——在他的盒子里看待我。如果他在盒子里与我相处,你们觉得他会怎样看待我对他的批评、管教、惩罚,以及对他个人生活的关注?"

"他也许会觉得你太独裁了,"我说,"甚至有些讨厌。"

"他会觉得你太'唠叨'。"巴德补充道。

"好的,'独裁''讨厌''唠叨',"她一边重复一边往图表里

添加。"很好,"她说,"现在看看我们有什么新发现。"

"如果布莱恩在盒子里,把我看作讨厌的、唠叨的独裁者,你觉得他是愿意早回家还是晚回家呢?"

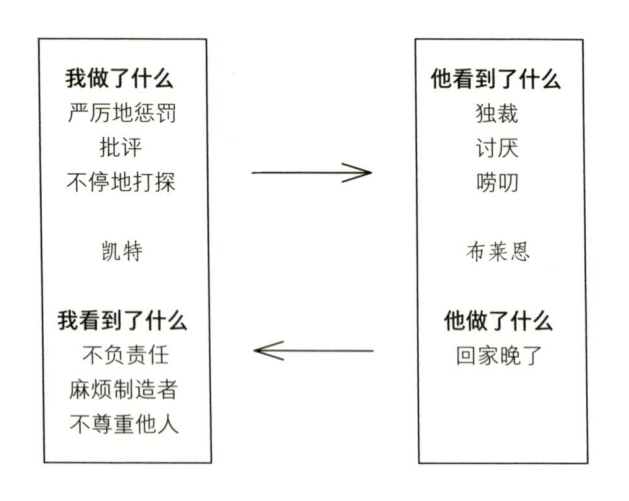

我做了什么		他看到了什么
严厉地惩罚		独裁
批评	→	讨厌
不停地打探		唠叨
凯特		布莱恩
我看到了什么		他做了什么
不负责任	←	回家晚了
麻烦制造者		
不尊重他人		

"噢,当然是晚回家,"我说,"而且会比之前晚得多。"

巴德插嘴道:"他会越来越拒绝按照你希望的方式做事。"

"是的,"凯特又从布莱恩那里画了一个箭头指向自己。"这样来来回回,"她说着,在盒子中间加了更多的箭头,"我们是在驱使别人做我们并不希望他们做的事!"

"是的,想想吧,汤姆,"巴德说,"在这个情境中,如果问凯特她在这个世界上最想要的东西是什么,你觉得她会怎么说?"

"她肯定希望布莱恩能更有责任心,少点制造麻烦。"

"完全正确。但是凯特在盒子里做的事有什么效果?她得到了自己想要的结果吗?"

我看着这张图表。"不,凯特似乎得到了自己不想要的结果。"

"是的,"巴德赞同地说,"她驱使布莱恩做了她讨厌的事。"

这句话让我想到了托德,他也一直在做我不想让他做的事情。我又看了看这张图表。凯特的角色在这里确实有些疯狂,她实际上刺激了布莱恩去做更多她反感的事。但她又能怎么办?任由儿子这么晚回家?

"凯特难道不是在做所有父母在这种情况下都会做的事吗?"我问,"有时候你需要改正或者惩罚孩子们的错误,这样他们才知道应该做什么。难道不是这样吗?"

"那你觉得盒子里的我让布莱恩更早回家了吗?"凯特回应道。

"没有,"我说,"但是——"

"即使是在盒子外的人,批评也是难以接受的吧,不是吗?"凯特插嘴道,"而盒子里的人又有多大的可能性会欣然接受呢?"

"我明白了,可能方式不太好吧。"

"你觉得在什么情况下,惩罚和教育会更恰当?"她问,"是在盒子里放大别人的错误时,还是在盒子外理性地看待每一个人时?"

我点点头,"在盒子外面的时候。"

"现在你知道了,汤姆。在盒子里,我所做的一切努力都白费了——就好比在这个情境里,布莱恩需要惩罚。但是因为我在盒子里,我的行为并不会让布莱恩发生我希望看到的改变。盒子不仅让我效率低下,还让我愈发消极。因为在盒子里,我会刺激别人去做我一直抱怨的事。就像巴德指出的那样,我讨厌的事情会越来越多。"

"这太可怕了,"我想了一会,忍不住说道,"为什么你——或其他人,一定要做这种事呢?为什么我们要陷在这种恶性循环中呢?"

凯特停顿了一会,很明显是在整理思绪。"我觉得答案就是,我的盒子通过这个恶性循环才能继续维持下去。"

"什么?"我惊叫起来,这个答案我完全没有听懂。

凯特微笑着说:"我知道,这听来很荒谬,不是吗?谁会一直让自己陷于这样的处境,不断促使别人用消极、愤怒,甚至是痛苦的方式回应自己?谁会做这样的事呢?"

"是啊,谁做这样的事呢?"我应和着。

"我会,你会,巴德也会,查格茹的所有员工都会。无论何时,只要身处盒中,我们就会产生一种需求,而这种需求必须用别人糟糕的行为来满足。这样一来,我们的盒子会促使别人用更多的消极行为来回应我们,即使这些行为会让我们的生活更加糟糕。"

"怎么会这样?为什么会这样?"我忍不住问道。

"在回答这个问题之前,我先和你说个我和布莱恩的小故事吧。大概一年前,某个周五晚上,布莱恩问能不能用一下我的车。我不想让他开车,所以提出了一个非常不合理的宵禁时间作为条件——一个他根本不会接受的时间。'好吧,你可以开车,'我得意地说,'但是你必须在十点半前回来。''好的,妈妈,'他一边说着一边从钥匙挂架上拿走钥匙,'当然。'门被他重重地关上了。

"我躺倒在沙发上，满怀心事，暗自发誓下次再也不让他用车了。我一整个晚上都在想这件事。我越去想这件事，就越对自己不负责任的孩子感到生气。

"看十点新闻的时候，我一直在为布莱恩烦恼。我的丈夫，斯蒂夫，那天晚上也在家里。就在抱怨布莱恩的时候，我们听到了车库外面轮胎划过的声音。我看了看表，正好是 10 点 29 分。你知道发生了什么吗？"

我全神贯注地听着。

"看见时间的时候，我竟然萌生出一种深切的痛苦和失望。"

"仔细想想，"她短暂地停顿了一下，"那个晚上，我希望布莱恩是个有责任心、信守承诺、值得信任的人。但当他真的有了责任感、兑现了他的承诺、证明了他的可靠和诚实，我开心吗？"

"不！"我想了想摇头道，"你还是会不高兴，他停车时发出的巨大声响甚至会火上浇油。"

"我不得不承认自己确实做了不近人情的事，"凯特回答，"他卡点进门的时候，我并没有感谢、祝贺，或者认可他，而是简单粗暴地说了一句，'你可真会踩点啊！'"

凯特坐了下来。"注意——即使他负起了责任，我也没有把他当作负责任的孩子，"她顿了顿，"我就是要他犯错。"

我想到了自己的儿子，开始坐立不安。

"我会说在那个时候，我最希望我的孩子表现出很强的责任心，但这真的是我最想要的吗？"她问道。

我摇了摇头。"听起来并不是这样。"

"是的,"她说,"身处盒中的我最想要的其实不是我自认为最重要的事情。你觉得盒子里的我最需要的是什么呢?"

我在心里默默地问自己。在盒子里时,我最需要的是什么呢?我需要什么呢?我并不确定。

凯特朝我倾过身来,说:"在盒子里,我最需要证明自己是对的,这就是盒子赖以存在的支柱。我用整个晚上,甚至更长的时间责备我的儿子,那么,我的儿子要怎样才能让我觉得自己没错?"

"你需要他犯错,"我缓缓说道,心里拧成了一块疙瘩,"为了让自己有理由去责备他,你需要他该被责备。"

在那一瞬间,我仿佛回到了16年前。我从护士手里接过那小小的襁褓,那个幼小的生命睁开迷蒙的双眼看着我。我心中完全没有预想到他出生时会是这个样子。脸色青紫,奇形怪状,皮肤灰灰的,看起来十分有趣,而我竟然是他的父亲。

大概从那天开始我就一直在抱怨托德吧。他总是不够聪明、不够配合,他永远都在自行其是。从上学开始,他就一直给我惹事。我甚至不记得别人提起他时,我是否感受过一丁点的骄傲和自豪。他永远都不够好。

凯特的故事让我心惊。我不由得问自己,做一个在父亲眼中永远都不够完美的儿子究竟是什么滋味。如果凯特的话是对的,那么我一定存在着这样的心理,那就是我永远都不能让他完美。我需要他出问题,这样我才能心安理得地认定他就是个麻烦。我心里很难受,试图把托德赶出脑海。

"这太对了。"我听见凯特说,"我一整晚都在抱怨布莱恩让我失望,其实是我需要他让我失望,这样我才能为自己的抱怨和责备找到理由。"

我们都沉默了。

最后,巴德打破了沉默:"凯特的故事让人震撼,在盒子里时,我需要别人为我制造麻烦——实际上我需要麻烦。"

尽管这听起来很不可思议,但确实是事实。

巴德从椅子上站起身来。"还记得你今天早上问我,人在工作中怎么可能一直在盒子外,你说如果你一直在盒子外面把人当人看,你就有可能被打败。"

"是的,我记得。"

"然后我们谈论了这个问题是如何被误读的,因为不管是在盒子里还是在盒子外,你想怎么做都可以,不论是'强硬'还是'温和',又或是别的什么,你还记得吗?"

"记得。"

"现在,我们再来聊聊你的问题。这非常重要。让我们想想刚才的理论吧。想一想,谁需要别人给自己找麻烦呢?是盒子里的人还是盒子外的人?"

"盒子里的人。"我对这个暗示感到诧异。

"对。在盒子外面我没必要和别人较劲。我也不会授人以柄,让他们给我找麻烦。而在盒子里,我最需要的东西是自我辩解。我得到了证据,证明这个给我找麻烦的人正如我所抱怨的那样糟糕。"

"在盒子里时,你不会真的想让别人给你找麻烦吧?"我问,"我是说,这有些奇怪。凯特的话让我想到自己的儿子托德。劳拉和我都觉得他会给我们找麻烦,但我们谁都不想要这样的结果。"

"是的,"巴德回应说,"我不是说在盒子里时我们会享受这些麻烦。恰恰相反,我们讨厌它。在盒子里时,我们最渴望的就是摆脱这些麻烦。但是记住,在盒子里,我们自我欺骗——无视有关自己和他人的真相。其中就包括,盒子会削弱我们为获得自己想要的成果而付出的每一分努力。"

巴德走向白板。"再想一想凯特的故事吧,"他指着这个图表,"想想她内心深处的盒子为何需要布莱恩成为一个不可靠的儿子。如果布莱恩真的不可靠,凯特就会为自己的不满找到完美的辩护!同样,布莱恩也需要凯特成为他所想的样子,如果凯特真的是这样,布莱恩也会为自己的不满找到借口。在盒子里,每个人都可以为自己责备对方找到完美的借口。"

"事实上,汤姆,"凯特补充道,"布莱恩和我都为对方提供了完美的辩护词,简直就像商量好的一样。我们对彼此说,'看,我对你不好,这样你就可以把你不好的行为怪罪到我身上,而如果你对我不好,我又可以把我不好的行为怪罪到你身上。'当然,我们并没有和对方说过这样的话,甚至没有这样想过。但是我们共同的想法和辩解却非常契合,就好像我们确实达成了共识。就像这样,两个人或者更多的人在盒子看待彼此、欺骗自己,就叫作'共谋'。在共谋关系中,为了能相互指责,我们会不断地给对方制造麻烦!"

"我们这样做，"巴德又插话了，"不是因为我们喜欢别人给我们找麻烦，而是因为我们在盒子里，而这个盒子赖以存在的基础，正是那些以此为借口的自我辩解。所以，盒子揭示出一个讽刺的事实——不管我如何抱怨别人给我造成的巨大麻烦，我仍然对此甘之如饴。因为这正是我觉得别人应该被抱怨的原因——我正如自己的辩解那样清白而无辜。我所抱怨的行为，却恰恰是我用作自我辩解的东西。"

巴德把双手放在桌子上，身体微微靠向我。"所以在盒子里时，"他真诚地说，"我其实是在促使别人做一些我讨厌他们做的事。而他们也会促使我做一些他们讨厌我做的事。"

巴德转过身，又在自我描述里加了一句话：

"自我背叛"

1. 心里觉得要为别人做些什么，实际行动却背道而驰，这种行为就叫作"自我背叛"。
2. 于是，我开始为自我背叛的行为找理由。
3. 当我用一种自以为正确、公正的眼光来看待现实时，我看到的现实是扭曲的。
4. 所以，就在自我背叛时，我进入了盒子。
5. 长此以往，盒子就成了我的特质，而我会一直带着这个盒子走下去。
6. 在盒子里的我也会促使别人进入盒子。
7. 在盒子里时，我们促使彼此做出不恰当的行为，也都获得了自我辩解的机会。我们通过这种共谋，给予对方继续留在盒子里的理由。

"一旦陷入盒子，"巴德从白板向后退了一步，"我们就在给对方提供留在盒子里的理由。我们不仅直接对别人做出不好的行为，还和其他人谈论或者八卦这些事。有越多的人站在我们这边，我们就越觉得自己有理。比如说，我可能会拉着妻子加入批评儿子的阵营，也可能在工作中拉拢其他同事，敌视其他部门或同事，诸如此类。不管在家还是在公司，盒子都在不断扩张，而我们以此获得了一个又一个的辩解。每个不当的行为——直接或者间接——都让我们留给彼此继续留在盒子里的理由。这就是糟糕的现实。"

我瘫倒在椅子上，突然为自己的儿子感到心痛。

"现在看看吧，汤姆，"巴德坐了回去，"我们谈论的每一件事都是自我背叛的注脚，正是自我欺骗让我们看不到自己身上存在的问题。在盒子里时我觉得问题出在谁身上？"

"别人。"

"但实际上是谁在给我添麻烦？"

"是你自己。"我回答说。

"我的盒子又促使别人做了什么呢？"他继续问。

"它促使别人用更糟糕的方式对待你。"

"是的。换句话说，我的盒子促使别人给我添麻烦。它也让我觉得自己不是唯一一个存在问题的人。"

"是的，你说得对。"我点点头。

"那么假如有人试图改正我身上的问题，我会做何反应？"

"你会反抗他们。"

"完全正确，"他说，"我身上存在问题，但我并不承认自己有问题。我觉得别人才有问题。"他停顿了一会，接着说道，"这又怎样？"

"这又怎样？"我对自己重复了一遍，"你指的是什么？"

巴德回答："为什么在查格茹公司，我们要关注这些问题？它们和工作有什么关系？"

15．关注点有误

"它和工作的每一方面都有关系。"我说着就被自己这个脱口而出的观点惊到了。

"有什么关系呢？"巴德问到。

"有什么关系？"我有些懵。

"是的，有什么关系。"巴德微微地笑了一下。

"好吧，首先，"我说，"基本上所有的员工都在盒子里。至少每一个在特莱克斯工作的人都是这样。"

"那又如何？"

"那又如何？！"我有些惊讶地重复了一遍。

"是的，那又如何？"他说。

"呃，在盒子里时，我们也会促使别人进入盒子。我们会发生各种各样的冲突，最终阻碍我们要做的事。"

"我们要做什么？"巴德问。

我有些犹豫，不知道巴德想说什么。

"你刚刚说这些争执和冲突最终会影响我们要做的事，"巴德继续说，"我的问题就是，我们要做的事是什么呢？"

"我觉得，应该是有效率地工作吧。"

"啊，"巴德终于等待到了他想听的答案，"所以盒子阻碍了我们达成目标。"

"是的。"我同意这个说法。

"想想它是怎么做到的吧，"他说，"盒子如何阻碍我们得到想要的结果，具体说有两点。首先就是凯特刚刚教会我们的。在盒子里时，我们最需要的是给自我辩解找理由，而我们自我辩解的筹码常常是违背这个机构的利益的。这么说你明白吗？"

我点点头。事情确实如此，不管这个机构是一家公司还是一个家庭。

"在查格茹公司，我们用'关注目标'这个术语来形容一个人是否专注于完成目标。在盒子外面，我的关注点是结果。而在盒子里，我的关注点是自我辩解。这就是盒子影响最终结果的第一个原因。"

这听起来有些道理。"那第二个原因是什么呢？"我问。

"盒子会影响我对目标的关注。"巴德回答说。

"在盒子里时，你就只会关注自己，不是吗？"我脱口而出。

"完全正确。只要一关注自己，我就不能关注工作成果，也不能关注工作成果的递交对象。事实上，仔细思考一下你就会发现很多被认为是关注结果的人到最后关注的都是自己。在盒子里，他们之所以看重结果主要就是为了创造或者维持自己的良好声誉——他们最关注的目标仍然是自己，他们通常不会把别人的感受看作和自己的一样重要。想想吧，单位里有人做出成绩，大多数人都不会像他们自己做出成绩那样高兴。他们只是在和别人竞争，希望实现自己的目标——而这常常会产生毁灭性的影响。他们拍着胸脯，对外宣称自己更看重结果，但这只是一个谎言。在盒子里，他们和其他人一样，关注的只是他们自己。在盒子里，他们和其他人一样看不到这点。"

"而更糟糕的是，"凯特补充说，"在盒子里，我们会促使别人也进入盒子——不管是支持还是反对我们的人。例如，我们会隐藏信息，而这又给了别人这样做的理由。我们试图控制别人，这会激起别人的反抗，而我们反过来又会觉得自己需要控制得更严。我们在别人面前隐藏资源，别人也会在我们面前隐藏资源。我们责备他人拖了我们的后腿，而这又会给别人理由，让他们觉得拖后腿也没有什么可愧疚的。这样的例子还有很多。

"而所有的事情都会让我们觉得，如果杰克不做这件事，如果琳达不那么做，如果这个部门业绩可以好转，如果那个公司可以想出发展策略，所有问题就会迎刃而解。但这是个谎言。即使杰克、琳达、这个部门、那家公司确实需要改进，而他们也这样做了，这仍然是一个谎言。因为我抱怨他们，并不是因为他们需要进步而抱怨，而是要用他们的缺点为自己的失败找到借口。

"所以，"她继续说道，"团队里有一个人身陷盒中，没能关注结果，他的同事就不能取得想要的结果。共谋会不断扩散，让同事之间互相对立，团队之间互相对立，部门之间互相对立。那些帮助公司发展壮大的人到最后却聚在一起，不停地憎恨别人取得的成就，欣喜别人的失败和错误。"

"太可怕了,"我震惊难掩,"我明白你的意思。在特莱克斯到处都是这样。"

"是的,想想吧,"巴德说,"你什么时候最开心呢?是查克·斯塔利成功的时候,还是他失败的时候?"

这个问题让我措手不及。因为我在他人身上一直看到这样的情况,却没有质问自己。斯塔利确实是个麻烦精,我并不是在编造谎言。他一直在制造各种各样的麻烦——争执、低效和糟糕的团队合作。"我,呃……我不知道。"我有些心虚地说道。

"那你也许可以好好想一想了。就拿细菌来说吧,别人被感染并不能证明我们自己是健康的。事实上,如果身边都是生病的人,自己被感染的概率也会大大增加。"

他停下来,又看了看我,"还记得塞麦尔维斯吗?"

"你是说那个发现产妇高死亡率原因的医生?"

"是的。在那个故事里,医生才是真正传播疾病的人,但是他们的目光却一直放在别人身上,关注着别人的问题。因此,尽管有各种各样的症状,产褥热仍然大肆蔓延,夺走了一个又一个无辜的生命。而这一切都源于不为人知的细菌——而携带者对此尤其一无所知。"

"团队里也差不多,"巴德站了起来,走向白板,"我来和你讲讲。"

16．盒子带来的麻烦

"你还记得我在洛杉矶的经历吗？"巴德问到。

"记得。"

"还记得我在那里经历的麻烦么？我不够投入，不够专注，给别人带来了很多麻烦。"

"是的，我记得。"

巴德把自我背叛图表边的文字都擦去了，接着写道：

不够专注

不够投入

制造麻烦

"好了，这就是我在洛杉矶遇到的问题，"他从白板边缓缓走回来，"我的症状就是这些。我们尽可能多列些问题吧。团队中的其他人有什么类似的问题呢？"

"矛盾，"我说，"缺乏动力。"

"充满压力。"凯特补充道。

"合作低效。"我说。

"等等,"巴德有点跟不上了,"我要把它们都写上去。好了,接着说吧,还有什么?"

"背后诽谤,拉帮结派,缺乏信任。"凯特说。

"可信度低,"我说,"态度糟糕,沟通障碍。"

"很好,"巴德把最后一条也写了上去,"很好。现在让我们好好看看这张表,再想想那个晚上我没有起床照顾孩子的故事吧。"

"注意。在自我背叛之后,我是否存在着不够专注、不够投

感受:起床照顾大卫,
这样南希就能睡觉了。

　　　　│
　　　选择
　　　╱　╲
按照内心的　与之相反,
想法做　　　自我背叛

我是怎样看待自己的	我是怎样看待南希的
受害者	懒惰
认真工作	不够体贴
重要	不领情
很棒	漠不关心
体贴	骗子
好爸爸	坏妈妈
好丈夫	坏妻子

不够投入
不够专注
制造麻烦
矛盾
缺乏动力
充满压力
合作低效
背后诽谤 / 态度糟糕
拉帮结派
不可信任
可信度低
沟通障碍

入的问题呢？"

"是的。"我回答。

"在那之前呢？我是说，当我感觉自己应该去照顾大卫，这样南希就能睡觉时，我是否存在这样的问题呢？"

"没有，一点也没有，"我说。

"那么给别人制造麻烦呢？在我觉得应该帮助她时，我是否给南希制造了麻烦？"

"没有，"我说，"在自我背叛之后，南希的情况才变得麻烦。"

"是的。那么争执和矛盾呢？你觉得我什么时候才会充满压力——是在觉得自己应该帮助南希时，还是在自我背叛之后不断放大第二天早上要做的事情的重要性时呢？"

"嗯，是在自我背叛之后，这很明显。矛盾也是一样。在自我背叛之前，你并没有感觉到矛盾，在那之后你才感觉到了。"

"是的，"巴德同意我的看法，"你可以列举出人际交往中的所有问题，你会发现所有的问题都产生于自我背叛之后，而不是之前。"

巴德停顿了一会，好让我有机会仔细审视这张图表。接着，他问："这说明了什么呢？"

"我不懂你的意思。"

"嗯，我是说，所有的问题都产生于自我背叛之后，而不是之前。这说明了什么呢？"

"这说明了……呃……噢，这说明是自我背叛导致了这些问题！"我终于明白了巴德的意思。

"是的，汤姆。自我背叛之前，我并不存在这些问题。所以解决了自我背叛的问题，就解决了所有的人际问题。"

巴德又停了下来，好让我充分理解他的意思。接着他说："记得我说过的话吗？与塞麦尔维斯的医学发现一样，自我欺骗的解决方案也只有一个——它告诉我们，所有那些看似不同的'人际问题'实际上都有着相同的根源？"

"我记得。"

"这就是我想说的，这就是。"他指向这张图表。"这个简单的故事可以告诉你事情是如何发生的。自我背叛就是导致自我欺骗的病菌。就像产褥热，自我欺骗也有很多不同的症状，比如缺乏动力、不够投入、压力太大、沟通障碍等。组织会因为这些病症而消亡或衰弱。而那些携带病菌的人却根本不知道他们身上携带着危险因素。"

我一边研究图表，一边思考这句话的含义。"职场上也是这样吗？我是说，例子仅仅是没有起床照顾孩子，这在工作里完全不会发生啊。"

"是的，"他说，"工作中的人们确实不会这样欺骗自己——工作中没有孩子需要照顾。然而，很多人都放弃为同事做他们觉得应该做的事，而每次遇到这样的事，他们总会像这个例子里的我那样自我辩解。每次自我欺骗，都会让我们走进盒子，而这和我们在家、在工作，或是在商店没有任何关系。自我背叛的盒子会在所有场景引发同样的问题。

"还有，"他继续说道，"在工作中，几乎所有人或多或少都会实施这样一种自我背叛，它关乎我们为什么被雇来工作——为了帮助组织及其成员达成目标。而要解决机构中所有令人苦恼的人际问题，核心就在于解决自我背叛。"

"那你又是怎么做的呢？"我迫不及待地问道。

"啊，还没到这一步，我们得先说些别的。但在这之前，我们也许应该休息一会。"

凯特看了看她的表。"伙计们，我想我得先走了。我四点半和霍华德·陈有个会议。我也很想和你们继续聊下去，但我必须走了，"她站起身来，对我伸出了手，"很高兴和你会面。希望你能认真想想这次会面的内容。就像是我之前说的，没有什么比你现在学习的内容更加重要。这是查格茹公司的首要战略目标。学到后面，你就会明白我的意思。"

"你觉得呢？"她转向巴德，"你今晚就想说完所有的概念和故事吗？"

"这样的话，我们可能要拖得晚一点。我会和汤姆好好聊聊的。"

"不错嘛！"凯特向门口走去，"顺便一提，汤姆，"她转过身面对我，"我曾经离开过查格茹，那时它和现在完全不同。"

"为什么？"我问。

"因为卢·赫伯特。"

这个答案完全出乎意料。"什么？我还以为你是因为他才留下来的。"

"一开始并不是这样。那时候卢对每个人都很苛刻。很多人都辞职了。"

"那你为什么又回来了呢？"

"因为卢·赫伯特。"

我有些困惑了："啊？"

"卢发现了这些，也就是你正在学习的内容，是它们改变了他。而他的转变也改变了整个公司。后来他找到我，向我道歉并提出了他的计划。我先后两次为查格茹工作，但我却觉得自己像是为两家公司工作了一样。你正在学习道歉的重要性，当年的卢就是这样做的。你很快就会发现随之而来的改变。就像我之前对你说过的，我们在这里做的所有事情都建立在你所学习的内容之上。这就是为什么它如此重要。"

她停下脚步，说："汤姆，很高兴你成为我们团队中的一员。如果我们不信任你，你就不可能来这里。"

"谢谢。"我回答说。

"同样也要谢谢你，巴德，"她转向巴德，"你总能带给我惊喜。"

"你在说什么呀。"巴德轻笑。

"我是说你对公司和员工非常重要。卢退休后，你就顶替了他的角色。你是我们查格茹的秘密武器。"

凯特微笑着继续向外走去。"不管怎样，谢谢你们。"她一边说一边迈出门，"你们继续加油。是的，还有你，巴德。"她笑着回应巴德的蹙眉抗议。

"哇，"凯特走后，我自言自语道，"真不敢相信她今天花了这么长时间和我会面。"

"相信我,"巴德说,"你不知道的事还有很多。她的时间太宝贵了,有太多事务等着她去处理。但是她每次都尽可能地过来参加。她过来,是因为她知道我们这样的谈话会为公司带来积极的影响。她的到来是一种态度,她想告诉大家,我们对这件事非常重视。如果你不重视,你在这里就待不住。"

巴德拍了拍我的后背:"对我来说也是一样,汤姆。固执地待在盒子里的人是留不下来的,你是如此,我也同样如此,我们都一样。"他舒心地笑了。而我想到的,却是托德和劳拉。

"好吧汤姆,"他转移了话题,"我们需要做个决定。把这些基础知识学完,我们还需要好几个小时。我们可以选择在今晚完成,也可以明天再继续,如果你有空的话。"

我想了想自己的行程。明天中午有很多事要做,但早上还有空闲。"我觉得明天早上更合适。"

"很好。那我们8点钟见面吧。如果安排得宜,还会有个惊喜呢!"

"惊喜?"

"是的,如果我们足够幸运。"

我开着敞篷车从朗里奇东路转向梅丽特大道,温暖的8月晚风吹拂着我的头发。我可能对妻儿关注得太少,甚至还欠他们一个道歉,但我不知道从何提起。虽然知道托德喜欢和车打交道,我却总是嘲笑他,我害怕汤姆·卡勒姆的儿子以后就是一名机修工。我也知道，我很久都没有为劳拉做过饭了。我决定去买些烧烤用具，也应该学些调试发动机的知识。

这么多年，我第一次渴望回家。

DECEPTION

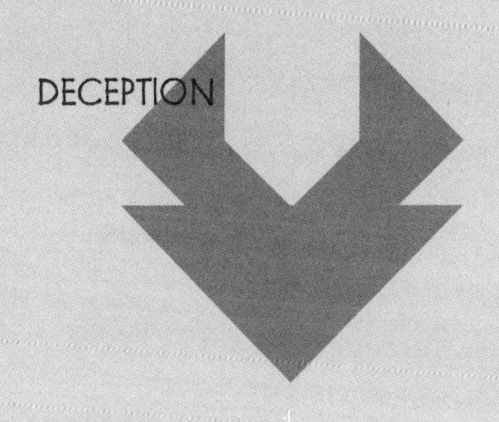

第三部分
如何跳出盒子

17．看得见的改变

现在是早上 8:15，巴德还没到会议室。一阵脚步声传来，究竟是不是巴德呢？门开了，一位长者走了进来。

"汤姆·卡勒姆？"他的脸上浮现出温暖的笑容，向我伸出了手。

"我是。"

"很高兴见到你。我叫卢，卢·赫伯特。"

"卢·赫伯特？"我惊奇地问道。

我曾经看过卢的照片和视频，不过他的到来太让我吃惊了，以致没能认出来。

"是的，很抱歉来得这么突然。巴德正在路上，他在检查我们中午开会用的材料。"

我大脑一片空白，一时间不知道该说什么，只能紧张地站在那里。

"你可能会想我为什么会到这里来。"他说。

"是的，我确实在想这个问题。"

"巴德昨晚给我打电话了，问我能不能参加今天的会面。他希望我能讲讲自己的故事。正好今天中午我要来开个会，所以顺便过来看看。"

"真不知道该怎么说，能见到你真的太意外了。我听过很多你的故事。"

"我知道。这听起来就像我已经死了。"他狡黠地笑道。

"哈哈，确实有点。"我也笑了起来，还没想好要说什么。

"汤姆，请坐。巴德让我和你先谈。"他指着一个座位，说，"请坐。"

我坐在昨天那个熟悉的座位上，卢坐在我对面。

"事情怎么样？"

"你是说昨天？"

"是的。"

"很奇妙的一天，非常奇妙。"

"真的吗？和我说说吧。"他说。

和卢在一起只待了一两分钟，我的紧张和不安就消失了。他充满善意的眼神和温柔的举止让我想起我十年多年前去世的父亲。他让我感到很熟悉、很安心。我非常愿意和他分享自己的想法，就像和父亲一起聊天。

"好吧，"我说，"我学到了很多，就先从我的儿子说起吧。"

在接下来的15分钟里，我对卢详细描述了这5年里我和劳拉、托德最美好的一晚。昨夜美妙非凡，尽管没有什么特别的事情发生。我为他们做饭，开怀大笑，让儿子教我怎样发动汽车。我不记得有多久没有享受到天伦之乐了，我第一次感到和家人在一起是如此幸福，也是第一次没有带着不愉快的情绪睡觉。

"劳拉怎么看？"卢问到。

"我不知道她怎么想。她一直在问我昨天发生了什么，我便告诉她昨天我学到的一切。"

"所以你呢，你教了她吗？"

"简直是一场灾难，没用一分钟她就懵了。'盒子''自我背叛''共谋'——我讲得太差了，连自己都无法相信。"

卢狡黠地笑道："我懂你的意思。巴德在向你解释这些概念时，它们听起来就像世界上最容易理解的事物，但你尝试这样做时，你就会发现这些概念有多微妙。"

"是的，我的解释反而引发了更多问题。但不管怎样，她在试图理解。"

卢专心地听着我的话，眼神充满了善意。尽管不太确信，我似乎也看到了些许肯定。

"你可能想从巴德那里确认道理是否还能说得通。"卢说，"过去，一年当中我们会安排几个晚上，邀请员工的家庭成员一起参与学习。这是公司可以为每个员工做的最有意义的事。如果今年还继续的话，劳拉应该会喜欢的。"

"谢谢，我会关注的。"

就在这时，门突然开了，巴德走了进来。

"汤姆，"他有些懊恼地说道，"抱歉我来晚了。我在突击准备今天中午和克罗豪森集团会面的资料。和往常一样，临时准备总是有些手忙脚乱。"

他把手提箱放在地上,坐在我和卢中间的桌子边。"好了汤姆,看来我们很幸运。"

"这是什么意思?"

"我是说卢——他就是我说的那个惊喜。卢的故事就是查格茹公司转变的故事,我希望他能和你尽可能多分享一些。"

"我很高兴能来到这里,"卢亲切地说道,"但在我们说故事之前,巴德,你应该先听听汤姆昨晚的故事。"

"当然,汤姆,抱歉,请说说你昨晚的故事吧。"

不知道为什么,也许因为我是巴德的下属,我太希望给他留个好印象了,所以我不太愿意和巴德分享那些我和卢谈过的内容。但是卢一直鼓励我"告诉他这个""应该说那个",于是我逐渐放松下来,向巴德讲述昨天晚上发生的事。大约10分钟后,巴德笑了起来,就像卢那样。

"这简直太棒了,汤姆,"巴德说,"托德昨晚过得怎么样?"

"就和平常一样——特别沉默。他总是简略地回答我的问题,只用'是''不是''我不知道'来回应。但我昨晚似乎没有介意这些,要知道这在以前会让我抓狂。"

"这让我想起我的儿子,"卢说道,他停顿了一会,看向窗外,似乎在唤醒久远的记忆,"查格茹公司的转变实际上就源于我的儿子。"

18. 盒子里的领导力

"我的小儿子科里,现在已经快 40 岁了,是一个惹事精。酗酒,嗑药——你可以想到的麻烦事,他都做过。在高中一年级,他终于因贩卖毒品而被逮捕。"

"一开始我不愿意承认。赫伯特家的人是不会吸毒的,更不要说贩毒了,这简直难以想象。我一直要求上诉,这个不公正的判决必须被推翻。这不可能是真的,这不可能是我的儿子。律师建议我不要上诉,当地的陪审团也给出了一个解决方案——仅 30 天的刑期。但我坚决不同意。'如果我的孩子真的要去坐牢,我就没什么好指望的了。'我心里这样想,就决心坚持抗争。

"但是我们败诉了,科里最终在布里奇波特青年拘捕中心度过了一年的牢狱生涯。在我看来,这是对家族声誉的毁灭性打击。那一年里,我只去看过他两次。

"他回家之后,我们很少说话。我几乎不会问他任何事情,而当我开口和他聊天时,他也只是用弱不可闻的一个字来回应。他又回到了那些坏孩子中间。3 个月后,他再次因盗窃而被捕。

"这次,我希望能够悄无声息地处理这件事。我不再幻想他是无辜的,只想恳求法庭宽大处理,让他参加亚利桑那高地乡村为期60天的野外训练和生存挑战。5天之后,我登上了飞机,拖着科里一起,从纽约飞到菲尼克斯。这一次,我是带着他来'改造'的。

"妻子卡罗和我把科里丢在了那个组织的总部。我们看着他和其他孩子一起坐进货车,朝着亚利桑那州东部中间区域的山区里行进;我们则被带去参加一个两天的课程,一个帮助我们学会如何'管教'孩子的课程。

"不过,我所学到的并不是这个。我学到的是,不管我的儿子存在什么问题,我同样也需要改造。我在那里学到的东西改变了我的一生。不止一次,每当他们暗示我身上也存在问题,我都会激烈地自我防卫。'什么,我有问题?'我抗议,'我不吸毒,我也不是那个整天逃课、泡在酒吧里的高中生。我不是小偷,我是一个负责任的、受人尊敬的公司总裁。'但我渐渐开始看到自己辩解里的漏洞。在某一刻我痛苦且充满希望地发现,这么多年以来,我始终是在盒子里对待妻子和孩子的。"

"在盒子里?"我的声音几乎要被自己的呼吸声淹没。

"是的,在盒子里,"卢回答,"我在亚利桑那州学到的就是你昨天学习的内容。那一刻,儿子从客车里探出头来,胆怯地观察着这四周一望无际的荒野,那里将成为他未来两个月的家。这么多年以来,我从没有像那一刻那样有一种巨大的渴望,想把他紧紧地揽入怀中。他一定非常孤独、非常羞愧,而我又在增加他的负罪感!和父亲在一起的最后几个小时是在无声的谴责中度过的,过了几个月甚至几年,他都不会忘记。

"这还不是最糟糕的。那一天,我意识到我的盒子不仅赶走了最亲近的儿子,也赶走了公司最重要的员工。两个星期前,公司经历了所谓的'三月灾难'。就在那个月,公司6个执行官中的5个都为了'更好的工作机会'离开了。"

"包括凯特?"我问到。

"是的,凯特就是其中的一个。"

卢盯着空气,明显陷入了沉思。"现在回想当时的一切,我仍觉得不可思议,"他终于开了口,"我感觉自己被背叛了,让他们见鬼去吧,我告诉自己。让他们统统见鬼去吧!

"我下定决心,"他继续说道,"就算没有他们,我也要把查格茹公司打造成一个成功的企业。他们没那么伟大,我告诉自己。六年前我从约翰·查格茹那里买下了这家公司,大部分员工都选择留下来,这家公司仍然沿袭着以往的模式运行。既然他们也没那么好,还不如早点分道扬镳。让他们见鬼去吧!

"但这是谎话。即使现在我们做得比以前好了,这仍然是彻头彻尾的谎话。因为我完全没有认识到自己的平庸。正因如此,我才没有意识到我在为自己的错误而责备他们的。我对自己的错误视而不见,就像对自己的盒子视而不见。

"在亚利桑那州,我重新看清了自己。我是一个对自己的才能过分自信,却不允许别人同样有才能的领导;是一个自觉聪明,又要通过否定别人来证明自己聪明的领导;是一个迫切想成为最好而排斥别人也一样好的领导。"

卢停了下来，问："你学过共谋了吧？"

"就是两个或更多的人各自在自己的盒子里看待彼此？是的，我学过了。"

"自我辩解不断地告诉你，你是卓越的、聪明的、最好的，这时你就会明白共谋的意思。在盒子中，我就是行走的借口工厂，不仅为自己生产借口，也为别人生产借口。所有需要为自我背叛寻觅借口的人，都能在这个'自助餐'中找到他想要的。"

"我不明白，比如说，为什么我越为大家的行为负责，大家就越觉得不被信任。他们会用各种方式反抗：有的直接放弃，把所有发挥的余地都留给我，有的无视我的意志，用他们自己的方式来处理事情，还有的干脆直接从公司离职。所有这些结果都越发让我觉得这些人不能胜任工作，于是我下达的指令越来越细致，制定的政策和程序也越来越多。所有人都把这当作我对他们不够尊重的证据，然后继续反抗我。如此循环往复，我们每个人都在邀请别人进入盒子，而这样一来，我们又为彼此提供了留在盒子里的理由。共谋到处都是，我们把事情搞得一团糟。"

"就像塞梅尔维斯。"我突然想到这件事，激动得说不出话来。

"所以巴德已经和你说过塞梅尔维斯的事了？"卢看向巴德，又看了看我。

"是的。"我和巴德一起点点头。

"太好了，"卢继续说道，"塞梅尔维斯的故事是个非常有趣的类比。实际上，我也在害自己的员工。我们的离职率快赶上日内瓦综合医院的产妇死亡率了。我身上就携带着那种责怪别人的病菌。我传染了他们，反而责怪他们在传染别人。我们的公司是一个充满共谋盒子的组织。就像我说的，我们把事情搞得一团糟。

"我在亚利桑那学到的却是，我才是问题的根源。我身陷盒中，导致了所有我抱怨的问题。我赶走了最优秀的人才却心安理得，因为我的盒子一直让我相信他们才是错的。"

他顿了顿，补充道："甚至包括凯特——世界上没有谁比凯特还有才华，但盒子蒙蔽了我的双眼。

"所以在亚利桑那州，我发现自己出了大问题。我坐在这25年来我自以为很了解的妻子旁边。我的儿子距我有100英里远，他对父亲的记忆充满苦涩。我的公司正在分崩离析——那些最优秀和最聪明的人才正在开启新的事业。我孤身一人，踽踽独行。我的盒子正在摧毁所有我在乎的东西。

"那时，有一个问题对我来说比世界上其他事情都重要，即我如何才能走出盒子。"

卢停顿了一会，我静静地等待着他继续说下去。

"那你是怎么做的呢？"我终于忍不住打破了沉默，"你是怎么走出盒子的呢？"

"你已经知道了。"

19. 跳出盒子

"我知道?"我在记忆里搜寻着前一天学习的内容。我不记得我们曾经聊过这个问题。

"是的,在思考要怎么走出盒子时,我就已经走出去了。"卢说。

"啊?"那一刻我确实有些迷糊。

"想想吧,"卢回答,"我坐在那里后悔时,妻子、儿子、同事对我来说是什么呢?那一刻,我把他们当作人还是物体?"

"在那一刻,他们对你来说是人。"我陷入了沉思,声音低了下去。

"是的,所有抱怨、憎恨、冷漠都消失了。他们就是他们自己,而我在后悔自己没有把他们当人看。在那一刻,我在哪里呢?"

"你走出了盒子,"我轻声回答,有些恍惚这个变化是如何发生的。就像在看马戏表演,兔子确确实实地出现了,但我却不知道它是怎么出现的。

"是的,"卢同意道,"在那一刻,我有种强烈的愿望,要为他们走出盒子，于是我就走出了盒子。有为他们走出盒子的想法就是走出盒子的第一步。"

"你也是一样，汤姆，"他继续说道，"想想昨晚你和家人一起度过的时光。他们对你来说意味着什么呢？你把他们当作人还是物体？"

"当作人。"我为自己的发现感到惊奇。

"昨晚你走出了盒子，"卢说，"所以你知道怎样走出来。"

"我不知道，"我抗议说，"我不知道到底发生了什么。事实上，如果不是你指出来，我甚至不知道自己已经走出了盒子。我更无法告诉你我是如何走出来的。"

"你可以的。事实上，你已经走出来了。"

"这是什么意思？"我已经彻底困惑了。

"我是说，你和我们说了你昨晚的经历，你是如何回家，如何和家人度过了一个美好的夜晚。这件事其实教会了我们如何走出盒子。"

"但这就是我想说的。我并不知道怎么走出来。"

"这也是我想说的，你知道怎么走出来，你只是没有发现而已，但你会走出来的。"

我心里稍稍好受了些。

"你看，"卢说，"'怎样才能走出盒子'其实是两个问题。第一个问题是'我如何走出盒子'，第二个问题是，'走出盒子后，我怎样才能一直在盒子外'。真正值得你关心的，应该是第二个问题。我还想再强调下——当你觉得自己应该为某人走出盒子，那一刻你其实已经走出来了。你能这样想,是因为你已经把他看作平等的人了。对一个人有这样的感觉时,你已经走出了盒子。所以在那一刻——就像现在和昨天,当你清楚地看到、感受到身边的人,想要为他们走出盒子时,你真正想知道的是,'我要怎样做才能为他们走出盒子呢?我要怎样做才能一直保持这样的改变呢?'而这,就是问题的关键所在。在工作中想要走出盒子、留在盒子外面,我们可以做一些非常具体确定的事。"

我开始明白他的意思了:"好的,我有些明白了,当我想为某人走出盒子时,我就已经把他看作平等的人了,所以拥有这样的感想时,我就已经走出了盒子。我明白这点。而且我也明白了,走出盒子后,问题的关键就变成我如何才能一直留在盒子外——我确实需要这样做,尤其是在工作领域。但是我仍然在绞尽脑汁地思考我是怎样走出这个盒子的,我对劳拉和托德的厌恶是怎样突然消失的。也许我昨晚只是运气不错而已。如果我没这么幸运,我很想知道应该怎样做才能走出来。"

"你说得很有道理,"卢站起身来,"在巴德的帮助下,我会尽量解释我们是如何走出盒子的。"

20. 无解的困境

"首先,"卢继续说,"我们必须要知道,我们为什么走不出盒子。"

他在白板上写道,"什么在盒子里是无效的",接着转过身,对我说,"试想,在盒子里时我们想做什么呢?比如,我们觉得有问题的是谁呢?"

"是其他人。"我说。

"是的,"他说,"所以通常我们花费了大量的精力试图改变他人。但是这能奏效吗?这能让我们走出盒子吗?"

"不能。"

"为什么不能呢?"他问。

"这是最基本的问题,"我说,"在盒子里,我试图改变他人,是因为我觉得他们需要改变。"

"但这是否说明没有人需要改变呢?"卢问,"难道所有人都非常完美吗?这是你想表达的吗——没有人需要改进?"

我有点转不过来。来吧,卡勒姆,好好想想!你想得太不仔细了。"不,当然不。每个人都需要不断改进。"

"那么,"他说,"我想改变他人又有什么错呢?"

这是个好问题。这有什么错呢?我问我自己。我以为自己知道,但这一刻又犹豫了起来。"我不确定。"我说。

"好吧,这么说吧,别人确实需要改正他们身上存在的问题,但这是我们留在盒子里的理由吗?"

"不,在盒子里的人才会这么想,而这么想是错的。"

"完全正确,"卢说,"所以,如果我成功地改变了我想改变的人,问题会得到解决吗?"

"不,我觉得并不会。"

"是的,并不会——即使这个人确实改变了。"

"更糟糕的是,"巴德插嘴了,"想想我们昨天说的共谋——当我在盒子里试图改变他人时,我是在引导他人做出我所希望的改变吗?"

"不,"我说,"最后的结果会与你的愿望背道而驰。"

"完全正确,"巴德说,"我的盒子反而引发了更多我不想看到的事情。所以如果我想通过改变他人来走出盒子,反而会给我更多留在盒子里的理由。"

"所以,"卢转向白板写道,"试图改变他人是没用的。"

在盒子里,做什么会徒劳无功?

1. 试图改变他人

"那尽力和别人处好关系呢?"卢转过身看着我,"这个会有用吗？"

"我觉得不会，"我说，"其实我平时就在这样做。但它并不会帮助我走出盒子。"

"你说得对，它也不能帮助我们走出去，"卢同意我的看法，"原因很简单。'处好关系'和改变他人有着相同的缺陷——这只不过是另一种责备的方式。它让我责备他人，引导那些我想'处好关系'的人进入他们的盒子。"

他转向白板，把"处好关系"这个词加进了无效工作的列表。

在盒子里，做什么会徒劳无功？

1. 试图改变他人
2. 尽量和别人处好关系

"那这样呢？"在卢写字的时候，巴德又补充了一条，"置之不理？这个会有用吗？能帮助我走出盒子吗？"

"也许吧，"我说，"有时似乎可以奏效。"

"好吧，让我们来想想。在盒子里时，我觉得问题出在哪儿？"

"出在别人身上。"我说。

"完全正确。问题实际上出在哪儿？"

"出在我自己身上。"

"是的，如果我置之不理，什么会跟随着我呢？"他问。

"问题，"我点点头，轻轻地回答，"我明白了，盒子是跟着我一起走的。"

"是的,"巴德说,"在盒子里时,置之不理仍是一种责备方式。盒子仍然存在,自我辩解的借口仍被我带在身边。可能在某种特殊情境下,置之不理是对的。但是置之不理永远都不可能取得最好的效果。最终,我还是需要离开盒子。"

"是的,有道理。"我说。

"我把它也加到列表里吧。"卢说。

在盒子里,做什么会徒劳无功?

1. 试图改变他人
2. 尽量和别人处好关系
3. 置之不理

"现在问题来了,"卢说,"沟通会有用吗?它会帮助我走出盒子吗?"

"似乎有用,"我说,"我是说,如果你不和别人沟通,你就什么也做不了。"

"好,"卢说,"让我们仔细想想,"他看向白板,"谁的故事是关于自我背叛的?是你的吗,巴德?"

"是的。"巴德点点头。

"好,我看到了南希的名字了,"卢说,"让我们想想。看这里,汤姆,在巴德的故事里。他自我背叛后是这样看待南希的——懒惰、不够体贴、漠不关心,诸如此类。现在问题就是,如果他在盒子里试图和南希沟通,他会说些什么呢?"

"啊,"这个设想很新奇,"他会和南希沟通他的感受——那就是她如何如何不好。"

"就是这样。那么这会有用吗?巴德身处盒中,告诉南希他认为她是个糟糕的妻子,你觉得巴德能够走出盒子吗?"

"不,"我说,"但如果他处理得更好呢?我是说,用上点沟通技巧,更加委婉地表达自己的想法,而不是直截了当地说出来。"

"你说得没错,"卢赞同道,"但是记住,只要在盒子里,他就会一直责备别人。他确实会用点沟通技巧,但是你觉得这些技巧能掩饰住他的责备吗?"

"不,我觉得不能。"我说。

"我也这么认为,"卢点点头,"只要身处盒中,无论我多么娴熟地使用沟通技巧,我最终还是在盒子里沟通,而这恰恰就是问题的关键。"

他转过身,把"沟通"加到表里。

在盒子里,做什么会徒劳无功?

1. 试图改变他人
2. 尽量和别人处好关系
3. 置之不理
4. 沟通

"事实上,"他从白板转过身来,"技巧并不只有沟通技巧这一种。你可以这样想，不管你教会我什么样的技巧，我都是在盒子里或盒子外使用它。而这又引发了另一个问题——在盒子里使用了某种技巧，我们就能走出来吗？"

"不，"我说，"我觉得不能。"

"这就是为什么在非技术领域，技术训练常常只会有短暂的效果，"卢说，"在盒子里，有用的技巧也会失效。它仅能为人们提供一种委婉的责备方式。"

"汤姆，记住，"巴德补充道，"大多数人想解决的问题不是用了技巧就能解决的，它们都和自我背叛有关。人的问题之所以难解决，并不是因为它们无法解决，而是因为技巧并不是解决问题的办法。"

"很对！"卢表示赞同，"所以，"他转过身继续写，"仅凭技巧我们不能走出盒子。"

在盒子里，做什么会徒劳无功？

1. 试图改变他人
2. 尽量和别人处好关系
3. 置之不理
4. 沟通
5. 使用新技术和技巧

我看向白板，忽然感到有些沮丧。还有其他的办法吗？我思考着。

"还有一种可能,"巴德说,"如果改变自己的行为呢?这个可以帮助我走出盒子吗?"

"这似乎是唯一一件可以帮助你走出盒子的事了。"我回答说。

"这听起来很有趣,也很重要。"巴德站起身来,来回踱步,"想想昨天的那些故事吧……记得我跟你说的六号楼的盖比和莱昂吗?"

我在记忆中搜寻,回答:"我不太记得了。"

"盖比做了很多事情,好让莱昂知道他其实很关心里昂。"

"啊,我想起来了。"

"嗯,"他继续说道,"盖比迅速地转变了对莱昂的态度。但是它有用吗?"

"没有。"

"为什么没用呢?"

"因为,我记得,盖比并非真的关心莱昂。所以,在莱昂看来,尽管盖比确实做出了改变,但他并没有感受到真正的关心。"

"完全正确。既然盖比是在盒子里对待莱昂的,那么所有他在盒子里尝试做出的改变,最终都让他又回到了盒子里。尽管做了这么多努力,他仍将莱昂看作物体。"

"想想吧,"巴德开始强调了,"想想南希和我在吵架而我却试图结束争吵的故事吧。你还记得吗?"

我点点头,"记得。"

"道理是一样的,"他坐了下来,"在那个故事里,我迅速地改变了自己的行为,本来在争吵的我选择亲吻南希。但是这个改变帮助我走出了盒子吗？"

"没有，因为你不是真心实意的，"我回答说，"你仍然在盒子里。"

"这就是问题的关键，"巴德把身子转向我，"因为我在盒子里，所以我无法确实地做出改变。在盒子里，我想做的每个改变其实都是盒子里的改变。我可以从和她争吵转变为亲吻她。我可以从忽视某人转变为给予他更多的关心和照顾。但是在盒子里，无论我怎么改变，我其实还是在盒子里，而改变也仅仅发生在盒子里——这才是问题的关键。别人对我来说仍然只是物体。"

"你说得对，"卢走向白板，"所以想想这个启示吧，汤姆。我不能通过改变自己的行为走出盒子。"

在盒子里，做什么会徒劳无功？

1. 试图改变他人
2. 尽量和别人处好关系
3. 置之不理
4. 沟通
5. 使用新技术和技巧
6. 改变自己的行为

"但是等等，"我说，"你是在告诉我，我不能通过改变别人、和别人处好关系、置之不理、沟通和使用新技巧来走出盒子。然后你又告诉我，我甚至不能通过改变自己的行为走出去？"

"嗯，如果你关注的一直是自己，你就无法走出盒子。答案是肯定的，这就是我们想说的。"他淡定地回答道。

"到底如何才能走出盒子呢？我是说，如果你说的都是正确的，那么就没有其他方法可以走出去了。我们全被困住了。"

"事实上，"卢说，"这也不完全正确。有一个出乎大家想象的办法可以解决问题。你知道是什么，就像我之前告诉你的那样。你只是没有意识到自己知道。"

我聚精会神地听着，很想知道办法到底是什么。

"昨晚你是在盒子外面和家人相处的，是吗？"

"我觉得是这样。"

"从你的描述来看，你确实是在盒子外面，"卢说，"那就说明解决办法还是有的。让我们考察一下你昨晚的经历吧。你试图去改变儿子和妻子了吗？"

"没有。"

"你是挖空心思和他们相处的吗？"

"没有。"

"很显然，你也没有不理他们。那么沟通呢？你是因为沟通才走出盒子的吗？"

"呃，也许吧，我是说，我们昨晚沟通得非常愉快，这么长时间来这是最好的一次。"

"好，"卢点点头，"但你走出盒子是因为你沟通了，或者说好好沟通了吗？"

"让我想想，"我更困惑了，"那时我已经走出了盒子——我在回家的路上就走出了盒子。我想，沟通并没有让我走出盒子。"

"好，那最后一个呢？"卢指着图表的最后一行，"你走出盒子，是因为你想尽力改变自己吗？"

我坐在那里沉思，昨天我到底发生了什么？那是一个非常愉快的夜晚，但我不知道我是怎么做到的，就好像被外星人劫持了一样。我真的有试图去改变自己吗？这并不是我的记忆。感觉更像是事情改变了我。至少，我不记得自己是怎样决定去改变的。事实上，我一直都拒绝改变自己。所以到底发生了什么呢？我到底是怎样走出盒子的？为什么我突然改变了自己的想法？

"我不知道，"我最终说道，"我不记得我是怎样改变自己的。不知怎么的，我就是改变了——像是有什么事情突然改变了我，但我却对这种改变毫无头绪。"

"也许有些事可以帮你想清楚，"巴德说，"还记得我们昨天讨论的吗，关于盒子里和盒子外的显著不同？"

"是的，我记得。"我说。

"我们也谈到在飞机上寻找座位的故事，我们把行为画在了表格的顶端，然后讨论了我们不管在盒子里，还是在盒子之外，都可以采取这两种行为方式。还记得吗？"

"是的，我记得。"

"所以，想想吧，如果说在不在盒子里是一件比行为更深层的事，你还觉得行为是走出盒子的关键吗？"

我有些明白他的意思了。"不，我觉得不是。"我突然充满了希望，因为这个想法会引领我找到最终的答案。

"是的，"巴德说，"你努力想弄清是什么帮助你走出了盒子，在众多原因中你试图找到一个能帮助你走出盒子的行为。既然盒子是比行为本身更深层的事物，走出盒子的方式也要比行为层次更深才对。几乎任何的行为都能在盒子里或盒子外完成，所以行为是无法让你走出盒子的。你关注的方向错了。"

"换句话说，"卢插嘴说道，"'我要怎样做才能走出盒子？'下面还有一个基本的问题，那就是任何可以完成的事情都是在盒子里或盒子外完成的。在'盒子里'完成的行为是不可能成为走出盒子的办法的。所以你可能会被引导着说，'好吧，那答案就是在盒子外面去做这个行为。'但是如果你在盒子外面，你就不需要寻找帮助你走出盒子的行为。不管怎样，行为都不可能帮助你走出盒子。帮你走出去的，是其他东西。"

"那是什么呢？"我着急了。

"近在眼前。"

21. 跳出盒子的方法

"想想昨天,"卢继续说道,"你刚说好像有什么事情突然改变了你。我们需要仔细想想这个问题。"

他走向白板:"我想讨论自我背叛和盒子的事——为了让不太清晰的事情明朗起来。"他画了下面的图:

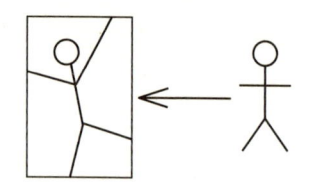

"这是盒子里的场景,"他指指自己的画,"盒子比喻我在抗拒他人。'抗拒'是说自我背叛并不是被动的。在盒子里,我其实是在积极地抗拒想要帮助别人的人类本性。"

"例如,"他指指白板上巴德的故事,"在巴德的故事里,他知道自己应该起床,这样妻子就可以继续睡觉,但是他却没有这样做。他最初是想为南希做些事情的,当他抗拒自己的想法时,他就背叛了自己。而通过抗拒这种想法,他开始关注自己,并把南希看作不值得帮助的配偶。他的自我欺骗、他的盒子，实际上就是他在抗拒南希时创造和维持的。正如巴德刚刚所讲，通过关注自己来走出盒子是不可能的，在盒子里，我们思考和感受到的只是盒子的谎言。而事实是，当我们停止抗拒盒子外的事物时，我们就发生了改变。这个你能听懂吗？"

"嗯，我想我懂了。"

"在停止抗拒他人的那一刻，我们就走出了盒子。我们从自我辩解的想法和感受中解放了。这就是为什么走出盒子的办法永远在我们眼前——我们正在抵抗的人就在我们的眼前。我们可以停止在面对他们时背叛自己，我们可以停止抗拒所有本性的呼唤。"

"那我怎样才能做到这点呢？"我问。

卢若有所思地看着我。"你还需要了解一些自我欺骗的其他知识，它们也许可以给你更多的思路和视角。想想你昨天与巴德和凯特在一起的经历吧。你会怎样描述它呢？你会说自己是在盒子外面对待他们的吗？"

"当然，"我说，"至少在大部分时间里。"我不好意思地对巴德眨眨眼，他也对我笑了笑。

"但是你也说自己昨天是在盒子里对待劳拉的。所以说你可以同时在盒子里面和外面——你在盒子里对待劳拉，却在盒子外面对待巴德和凯特。"

"是的，你说得对。"

"这点很重要，汤姆。面对某个人或某群人，我不是在盒子里就是在盒子外。既然有这么多人出现在我的生活里，我就有可能在盒子里面对待一群人，而在盒子外面对待另一群人。

"这个简单的事实可以给我们一点启发，让我们明白我们是如何走出那些让我们挣扎的盒子的。事实上，这就是昨天发生在你身上的事情。让我画张图来说明。"

卢走向白板，开始修改他的画。

"我们来描述一下你昨天的经历，"他站在白板的另一侧说道，"你在盒子里对待劳拉，却在盒子外面对待巴德和凯特。注意，因为身在盒中，你拒绝了劳拉的要求，但你或多或少会明白别人

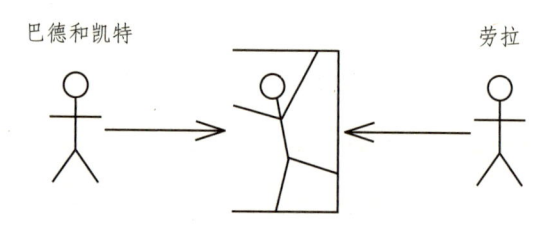

的需求，因为你会在盒子外对待别人，比如巴德和凯特。这种与巴德和凯特相关的、你能感受到且会珍视的感觉，连同对劳拉的人性关怀，才让你从盒子里走了出来。

"所以，尽管我们不能通过行动走出盒子，但我们同时在盒子里面和外面这一事实就说明我们能够找到自己的路径走出盒子。这就是巴德和凯特昨天为你做的——他们为你提供了走出盒子的环境，让你能看清自己在盒子里的状态。从你与巴德、凯特的交流上看，你能找到很多办法缩短在盒子里的时间、修复盒子里的关系。事实上，在盒子外面与巴德、凯特交流时，你做了一件特

别的事情，而它同样让你走出盒子和劳拉交流。"

我的大脑开始搜寻答案："我做了什么？"

"你质疑了自己的优点。"

"我的什么？"

"你质疑了自己的优点。在盒子外面，你倾听巴德和凯特描述的盒子里的事，然后你把它运用到了自己的人际情境中。这份在盒子外面与巴德、凯特交流的经历让你自然而然地做出一些你在盒子里从未想过要做的事——它让你开始思考，你是否真的像自己想象的那样在盒子外面。这个盒外空间改变了你对劳拉的看法。

"明显的效果可能不会马上显现出来，"他继续说，"但我敢打赌会有这样一个时刻，就像光照射进内心，你突然发现，你对劳拉的责备开始蒸发，她瞬间变成了另一个人。"

好像就是如此吧，我在心里暗暗想道。我记得那个时刻，那个对自己的愤怒产生怀疑的时刻。似乎所有事情都瞬间发生了改变。"对，"我说，"事情就是这样的。"

"现在我们需要再把这张图修改一下，"卢转向白板，画完之后，他向后退了一步说，"这就是昨天你离开时的情况。"

"你的感受和所见都非常直观。在走出盒子的那一刻，劳拉对你来说完全不同了，你不再责备她，也不再放大她的过错。"

卢坐了下来。"从某种程度上讲，"他说，"这确实不可思议；但换个角度想，它又是世界上最稀松平常的事。我们生活中时时刻刻都会发生这样的事，但通常转瞬即忘。我们每个人都既在盒子里又在盒子外面对他人。当我们越多地找到我们在盒子外的优

巴德和凯特　　　汤姆　　　劳拉

点时，我们就越能轻易地意识到我们在盒子里的自我辩解。在那一瞬间，那些出现在我们面前的人以及我们站在盒子外与他人相处的经验，让我们的盒子消弭于无形。这一切发生时，我们知道我们需要做什么——我们需要把他们视为平等的人。当我把别人看作和我一样有真切而合理的需要、希望和担忧的人时，我就已经走出了盒子。对我来说，剩下的事情就是我是否要留在外面。"

"你也许可以这样想，"巴德插嘴道，"再看看这个故事，"他指着自己的故事，"当我再次感受到我应该为别人做些事情的时候，我在图中的什么位置呢？"

我看向白板。"你又回到了顶端，找回了那种感觉。"

"是的，我又走出了盒子。现在我可以选择另一种方式了。我可以选择珍惜这种感觉而不是背叛它。去完成我想帮助别人做的事情，就是留在盒子外面的关键。捕捉到了这个感觉，我就走出了盒子；是尊重而不是背叛，让我留在了盒子外面。"

"事实上，汤姆，"卢补充道，"我猜你昨天离开时一定有种你需要为别人做些什么的感觉。我说的对吗？"

"对。"我说。

"而且你也这样做了，不是吗？"卢问。

"是的，我这样做了。"

"这就是你昨晚感到惬意的原因，"他说，"你走出盒子去面对劳拉和托德，就像面对巴德与凯特。你度过了一个美好的夜晚，因为你在为别人做你觉得应该做的事，你留在了盒子的外面。"

卢的解释很好地说明了我为什么和劳拉与托德相处甚好，但我的困惑仍挥之不去。人们怎么可能完成所有他们觉得应该为别人做的事呢？这听起来不太对。

"你是说为了留在盒子外面，我必须一直为别人做些什么？"

卢微微一笑。"这个问题很重要，我们来认真考虑一下。有个特别的案例或许可以解释。"他停顿了一下，"让我们想想开车吧。你一般对路上其他司机的态度如何？"

我想起很多通勤路上的故事，不由得笑了。我曾经对一个不肯减速让我并道的司机挥舞拳头，当我硬塞进去之后却发现他是我的邻居。我还有一次瞪着一个开车极慢的司机，当我加速超过他的时候却惊讶地发现他还是那位邻居。"我对他们毫不在意，"我无法掩饰自己的笑意，"除非他们挡了我的道。"

"听起来我们去的是同一所驾校，"卢也笑了，"但是你知道吗？有时我对其他司机会有与你不同的感受。比如，有时我会想到其他司机也像我一样为了生计奔波。而在这些时刻里，当我走出自己的盒子时，其他的司机对我来说显得尤其特别，即使我对他们一无所知。"

"是的，"我点点头，"我也曾有过这样的经历。"

"很好。所以你知道我想说什么。想想这样的经历，让我们来思考你的问题。你担心要留在盒子外面,就得为别人做涌入你脑海的所有事情。而这看起来实在太过勉为其难。我说的对吗?"

"是的。"

"好吧,"卢说,"我们需要思考,留在盒子外面这件事是否产生了这些你所担心的、接踵而来的义务和责任。让我们来想想开车的故事吧。首先,想想那些离你很远的车吧。在盒子外面,会改变我对他们的行为吗?"

"不,我觉得不会。"

"那些离我很近的司机呢?在盒子外面,会改变我对他们的行为吗?"

"也许吧。"

"好的,那我可能做出什么改变呢?"

我想到了自己在后视镜里看到邻居的事。"你可能不会强行超车吧。"

"很好,还有什么吗?"

"你可能会更安全地驾驶,会更多地为别人考虑。但是谁知道呢?"我想到我瞪着那个男人,惊异地发现他就是我的邻居的时刻,"你也许会微笑一下。"

"很好。注意——这些行为上的改变会让你吃惊或很有负担吗?"

"不会。"

"所以在这种情况下,在盒子外把别人当人看并不意味着突然负担许多义务。它只意味着把别人看作与自己一样的人,不管我是在驾驶、购物或是做其他的事情。

"在其他情况下,"他继续说,"走出盒子意味着我放弃了对与我不同的人的偏见——比如种族、信仰和文化与我不同。一旦我把他们看作人而不是物体,我就没有那么多偏见。我会更有礼貌,也会更尊重他们。同样,这些改变会让你觉得很有负担吗?"

我摇了摇头。"相反,会更自由。"

"我也这样认为。"卢说,"让我先来谈谈另一点吧。"他抱住自己的手臂,"在某些情况下,我们确实会觉得需要为别人做些额外的事情,尤其是那些经常和我们在一起的人,比如家人、朋友或者同事。我们了解这些人,我们对他们的愿望、需要和担忧有着深刻的了解,但我们也更容易辜负他们。所有这些都会增加我们的责任感,而我们应该有这种责任感。

"现在,就像我们一直谈论的,为了待在盒子外面,我们需要重视为别人做事的感觉。然而很重要的一点是,这并不意味着那些我们觉得很好的事情每次都要去做。因为我们也需要关注自己的责任和需求,我们也无法像自己希望的那样随时随地、尽善尽美地帮助别人。遇到这些情况,我们不需要责备他人,也不需要为自己辩解,因为我们始终把他们当人看,即使我们无法立刻用理想的方式帮助他们。我们只能全力做到我们当下所能做到的。它不完美,但却是我们能做到的最好的——我们提供了这样的帮助,是因为我们愿意。"

卢静静地看着我:"你已经学过了自我辩解,是吗?"

"是的。"

"那你一定理解我们在盒子里时有多么缺乏安全感，有多么急于为自己辩解，想让别人知道我们体贴、值得信任、品德高尚。这听起来可能有些怪异，我们竟然一直想证明自己是个好人。事实上，让我们不堪重负的，通常不是我们对别人的责任，而是我们在盒子里急于证明自己这件事。回头看看自己的生活，你会发现这就是问题所在——在盒子里你会比在盒子外更累。首先，你需要把昨晚和之前做个比较。"

这是对的，我想。昨晚，我第一次尝试走出盒子，为劳拉和托德做些事情。不记得我有多久没有享受过这样愉快的夜晚了。

卢停顿了一会，巴德继续问道，"这些能回答你的问题吗，汤姆？"

"能，很有帮助，"我对卢笑了笑，"谢谢。"

卢对我点点头，又坐回椅子上，露出满意的神情。他的视线越过我，看向窗外，巴德和我正等着他重新开口。

"多年以前，我坐在亚利桑那州的那个教室里，"他最后说，"听到你从巴德和凯特那里学到的东西，我的盒子逐渐消解。想起我对同事的所作所为，我非常后悔。而在我后悔的那一刻，我就已经走出盒子去面对他们了。"

"查格茹公司的未来，"他继续说，"取决于我是否能留在盒子外面。我知道要留在盒子外面，有些事我必须要做，而且越快越好。"

22. 盒子外的领导力

"想知道你需要做什么，"卢从椅子上站起身来，"首先需要了解自我背叛的本质是什么。"他开始沿着桌子踱步，"自我背叛有很多种，但我在亚利桑那州受到的启发却让我明白，我主要在用一种方式欺骗自己。而这也恰恰是我们多年的经验所得——所有人几乎都在用同一种方式欺骗自己。我们在这里做的所有事情都是为了帮助员工避免自我背叛，留在盒子外面。我们在这方面的努力就是我们在市场上赢得成功的制胜法宝。"

"嗯，到底是哪一种方式呢？"我问到。

"让我来问你吧，"卢说，"我们认真工作的目的是什么？"

"一起做出良好的业绩。"我回答说。

"很好。"很明显他被我的回答打动了。

"其实巴德昨天说过这点了。"我有些不好意思地说。

"哦，所以你们已经讨论过工作领域中最常见的自我背叛了？"他看着巴德问。

"没有，我们只是稍微聊了两句，在盒子里我们为什么做不到只关注结果，因为我们忙于关注自己。"巴德说，"不过，我们并没有说得很具体。"

"好的,"卢接着说,"汤姆,你和我们一起工作多久了?大约一个月?"

"是的。"

"和我说说你是怎么加入查格茹的。"

我开始向卢和巴德讲述我在特莱克斯公司取得的成就,我对查格茹公司长久以来的向往,以及我面试的详细过程。

"和我说说你得知自己能来查格茹时的感受吧。"

"欣喜若狂!"

"在开始工作的前一天,你对即将共事的同事有好感吗?"卢问。

"当然,"我答道,"我很兴奋。"

"你希望对他们有所帮助吗?"

"是的,当然。"

"关于在查格茹公司工作以及如何工作,你有什么设想呢?"

"嗯,我希望能够认真、勤奋、尽己所能地帮助查格茹取得成功。"我回答。

"好的,"卢说,"你说你在开始工作之前有一种设想,希望自己能够尽全力帮助查格,帮助那些志同道合的人。"

"是的。"我回答道。

卢走向白板。"我这样做可以吗,巴德?"他指向图表上巴德的"哭泣的婴儿"的故事,"我可以稍做修改吗?"

"当然可以,请吧。"巴德说。

卢修改了图表,然后转身面向我。

"注意，汤姆，"他说，"大多数人开始一项新工作时，他们的想法也和你类似。他们很感激自己能够获得这个工作机会。他们想做最好的自己——为了公司和公司中的人。

"但一年后再采访这些人，"他说，"他们的感受常常截然不同。他们对待同事的感受和巴德对南希的感受一样。你会发现那些之前很敬业、很专注、很有热情、对团队充满向往的人，现在却遇到了很多困扰。他们会觉得是什么导致了这些问题？"

"是公司里的其他人，"我回答说，"老板、同事、下属——或

```
感受：尽力帮助公
司和同事取得最好的业绩
             │
            选择
           ╱    ╲
   按照内心的    与之相反，
   想法做       自我背叛
```

我是如何 看待我自己的	我是如何 看待同事的
受害者	懒惰
认真工作	不够体贴
重要	不够积极
公正	不够敏感
有感知力的	说谎者
优秀的管理者	糟糕的管理者
好同事	差劲的同事

不够投入
不够专注
制造麻烦
矛盾
缺乏动力
充满压力
合作低效
背后诽谤/态度糟糕
拉帮结派
不可信任
可信度低
沟通障碍

者说是公司本身。"

"是的,但是我们现在知道了,"他说,"我们责备他人时,是自己出了问题,而不是其他人。"

"每次都是这样吗?"我问,"我是说,我在特莱克斯的时候,老板非常糟糕,他制造出各种各样的问题。现在我知道为什么了,因为他在盒子里。他对部门里的每个人都很糟糕。"

"是的,"卢说,"在查格茹,即使我们努力工作,你也会遇到对你不公正的人。看看这个图表,"他指向白板,"这个员工抱怨他的同事,是因为他们对他做过不好的事情,还是有别的原因呢?或者换句话说——我们进入盒子是因为别人在盒子里吗?这就是我们进入盒子的原因?"

"不,"我说,"我们通过自我背叛进入盒子,我理解这点。我的问题是,难道在盒子外面就不能责备别人了吗?"

卢若有所思地看着我:"你有什么特别的事例可供讨论吗?"

"当然,"我说,"我仍然在思考我在特莱克斯时的老板。估计我会一直责怪他。关键在于,他真的是个混蛋,是个大麻烦。"

卢坐了下来。"让我们想想这点,"他说,"卢说道,你觉得你可以在盒子外面、不责怪别人的情况下,发现某人出了问题吗?"

"呃,我觉得可以。"我答道。

"你觉得某个人惹了麻烦,我会把责任追溯到这个人身上吗?"卢问到。

"似乎可以这么做,但你、巴德还有凯特说过在盒子外面就不会这么做。"

"那么我们就会困惑,"卢回答说,"在盒子外面实际上能让一个人更明晰地厘清事件的责任关系,因为他的视野没有被盒子遮蔽。比如说,他不会为了逃避责任而把事情交给别人。没有盒子,他对工作的权衡就不会有私心,也不会故意找碴。事实上,厘清某人在事件中的责任其实是在帮助这个人。然而,假装承担其他责任而逃避在这个问题中的责任,却是完全不同的事情。后一种行为我们称之为归咎,这恰恰是我们在盒子里常常会做的。责怪他人不会对他人有所帮助,得到帮助的是我们自己。

"回到你的问题,汤姆。在之前的工作中,当你觉得自己的上司真的是个混蛋时,你是试图帮助他,还是用归咎的方式来帮助你自己?"

我突然间感到自己的内心完全暴露了,仿佛一个谎言被当众戳穿。

"这么说吧,"卢继续说,"你的评价是否帮助他变得更好了?"

"也许没有。"我嗫嚅道。

"也许?"卢问道。

我无言以对。事实的确如此,我清楚地知道这点。这么多年以来,我一直在盒子里对待查克。我向卢提出的问题不过是在为自己的责怪找埋由。而我对自我辩解的需要暴露了我的自我背叛。卢已经把这个问题清楚地摊开在我的眼前。

巴德开口了:"我知道你在想什么,汤姆。你曾经不幸地和一个经常在盒子里的人一起工作。这是一段很不愉快的经历。在这种情况下,进入盒子非常容易,因为自我辩解很容易——其他人是混蛋！但是记住，一旦我也以进入盒子作为回应，我事实上就需要别人一直做混蛋，这样我才能为自己找到评价他是个混蛋的理由。除了进入盒子，请他继续做个混蛋，我不需要做任何事。我的抱怨实际上是在邀请他继续做那些我正在抱怨的事情。因为在盒子里，我需要问题和麻烦。

"这样做会不会更好呢，"他继续说，"能够看出别人的盒子，但不去责怪他们在盒子里？毕竟，我知道盒子里面是什么样的，因为我有时候也在盒子里。走出盒子之后，我知道外面是什么样的。从那以后，在盒子外面，我既不需要也不会迫使别人成为混蛋，我可以很轻松地应对而不是去恶化这个糟糕的情况。"

"当然，还有一点，"他说，"你可以看到一个在盒子里的管理者危害有多么巨大。他（她）会把别人轻易地推进盒子。你需要成为一个不同的管理者，这就是你作为管理者的义务。你在盒子里，人们跟随你就只是因为被强迫或被威胁。但这不是领导力，而是强制。人们自发追随的管理者是那些在盒子外的管理者。回想一下你的人生，你就会明白。"

查克·斯塔利的脸从我的脑海中隐去，我看到了阿莫斯·佩吉——我在特莱克斯公司的第一个领导。我几乎可以为他做任何事情。他是一个严厉、要求高的领导，他在盒子外，他对工作和职业的热情极大地影响了我的职业选择。我已经很久没有见过阿莫斯了，但却在心里把他当作需要时刻关注、抬头仰望的对象。

"所以成功领导者的基础，汤姆，就在于摆脱自我背叛，"巴德说，"只有这样你才能引导别人摆脱自我背叛，只有这样你才能成为真正的领导者——一个人们愿意听从、信任、共事的同事，为了他们，为了查格茹，你必须走出盒子。"

巴德站了起来。"举个例子说明我们需要你成为怎样的领导者吧，"他开始放慢速度，"作为律师，我的第一份工作是做加利福尼亚移动住房法方面的顾问。我的研究成果对公司的一个最大的客户非常重要，因为这个客户的扩张计划需要收购大量修建了移动住房的土地。

"在这个项目中，我的领导是一位执业了4年的律师，名叫安妮塔·卡罗。还有3年她就有可能成为公司的合伙人了。新手律师还可以犯几个错误，但执业4年的律师是没有这样的特权的，他们必须理智、值得信赖、充满能量。任何错误都可能成为合伙人选举时的减分项。

"那时我全神贯注地投入到项目中。大概过了一个星期，我感觉自己成了加利福尼亚州移动住房法领域最顶尖的专家。哈哈，是这样吗？我把所有事项都列在了厚厚的备忘录中。安妮塔和这个项目的其他领导都很开心，因为客户对最后的结果非常满意。所有事情都很完美，我成了一个英雄。

"大约两周后，我和安妮塔一起在她的办公室里工作。几乎是顺口 提，她问我，'我一直想问，在移动住房调查里，你是否检查过你使用过的所有书籍的内袋？'"

我对巴德说到的这个词不是很熟悉。"内袋？"我问。

"嗯，你去过法律图书馆吗？"

"去过。"

"那你知道那些法律书籍有多厚了。"他说。

"嗯。"

"厚重的法律书籍在印刷上很麻烦,'内袋'解决了这个问题。让我来解释一下吧。法律书籍一直在不停地修订,以囊括法律条文最新的修订进展。为了避免昂贵的书籍一次次翻印,很多法律参考书目后面都附有内袋,以便放入每月最新的条文修订。"

"所以安妮塔想问的是,你在写分析报告时是否检查过最新的法律修订案?"我问。

"完全正确。她问这个问题的时候,我简直想逃走并躲起来。因为我虽然积极表现,但却根本没有想到要检查内袋。

"我们奔向公司的法学图书馆,把所有我读过的书都抽出来。你猜发生了什么?法律条文确实改动了——不是无关紧要的细微之处,而是起决定性作用的部分。我的草率让客户陷入了公关危机和法律诉讼的噩梦中。"

"你在开玩笑吧。"我说。

"很抱歉,不是。安妮塔和我迅速回到她的办公室,把这个坏消息告诉了杰瑞——我们项目的管理合作人。他当时在另一个城市,所以我们不得不给他打电话汇报这件事。现在想想吧,汤姆,"他说,"如果你是安妮塔·卡罗,在严格的合伙人制度下,你会怎么告诉杰瑞这件事?"

"哦,我会说是那个新人搞砸了一切,或者类似这样的话,"我说,"我会想办法让他知道这并不是我的错。"

"我也是。但她并没有这样做。她说,'杰瑞,你记得那个扩

张分析吗？我犯了一个错误。事实证明法律条文刚刚调整过，而我忽略了这点。我们的扩张计划是错误的。'

"我听着她的电话，一句话也说不出来。我才是那个忽略重要信息的人，而她竟然冒着这么大的风险，来为我的错误承担责任。甚至在她的话语里没有一句提到我的过错。

"'你为什么说自己犯了错误？'在她挂下电话之后，我问她，'我才是那个没有检查内袋的人。'她回答，'你确实应该检查它们。但我是你的第一监管人，在项目过程中有好几次我都觉得应该提醒你这点，但我一直忙忙碌碌，直到今天才有机会问你。如果我能更早问你，这一切就不会发生了。是的，你确实犯了错误。我也一样。"

"现在想想吧，"巴德继续说，"安妮塔可以责怪我吗？"

"当然可以。"

"而且她可以用我来为自己辩解，不是吗？"巴德问，"毕竟，我确实犯了错误，我应该被责怪。"

"是的。"我说。

"但是注意，"巴德富有感情地说，"即便我犯了错误，她也不需要责怪我，因为她没有在盒子里。在盒子外，她不需要任何理由为自己辩解。"

巴德停顿了一会，又坐回椅子上，说："有件有趣的事情安妮塔自己承担了责任，你觉得这会让我感到自己的责任更多还是更少了？"

"更多了。"我说。

"是的,"巴德赞同地说,"甚至放大了一百倍。她没有为自己小小的过错寻找借口,而这又让我学会为主要的过错承担责任。从那一刻起,我就决定为她赴汤蹈火。"

"想想差别有多大,"他说,"如果安妮塔向杰瑞抱怨我,你觉得我会做何反应?"

"呃,我不知道你具体会做什么,你或许会寻找她的缺点,好给她的工作制造障碍。"

"完全正确。而且安妮塔和我会更加关注自己,而不是去关注我们当时最需要关注的东西——客户的需求。"

"是的,"卢又加入了我们的对话,"这就是我在亚利桑那州学到的。我突然认识到自己的错误,在各个方面我都是失败者,我没有尽力帮助查格茹和它的员工取得最好的业绩。换句话说,"他指向白板,"我背叛了自己要为公司和同事做些什么的想法。这样,我把自己深深地埋在了盒子里。我不能把注意力集中在业绩上,只在关注自己。自我背叛的后果是不断地指责他人。图表的这里,"他又再次指向图表,"这就是我。我把公司的所有人都当作问题,同时把自己看作他们能力不足的受害者。"

"在那恍然大悟的一刻——也许有人觉得这一刻是黑暗的、沮丧的,而我却感受到了久违的快乐和希望。虽然不太确定结果如何,我有一种神奇的感受,我需要先做一件事,一件为了走出盒子就非做不可的事。

"我首先得去见凯特。"

23. 领导力的诞生

"卡罗和我坐上了第二天离开亚利桑那州的大巴,"卢说,"我们本打算在圣地亚哥待几天再回家,但计划全变了。我听说凯特几天之后就会在湾区开始她的新工作。我非常希望她能留下来。我有话对她说,"他的眼神越过我,又一次看向窗外,"我要给她个梯子。"

"梯子?"我问。

"是的,梯子。这就是我在凯特离开之前应该做的。"他回忆道,"当时我要求她把梯子从她的销售部撤走。她的部门决定把梯子作为提高业绩的视觉激励,而我觉得这个想法很蠢。她向我征求意见的时候,我就这么直接说了,但他们没有听。当天晚上,我告诉后勤人员把梯子撤走。三天后,她和其他四个高管一起向我递交辞呈,通知我他们要在两个月内离职。在一个小时之内我就让保安把他们轰走了,甚至没让他们回自己的办公室。我告诉自己,和我作对的人都不值得信任。这是我最后一次和凯特说话。

"我无法解释,但我知道应该给她个梯子。这是一个象征,其意义远不止于此。于是我就这样做了。

"卡罗和我周日早上六点左右到达肯尼迪机场。我先让司机把卡罗送到家,然后直接赶往办公室。翻动了六七个供应柜我才找到一个梯子。我们把它绑在汽车顶端,径直开往凯特所住的林奇公园。九点半左右,我按响了她的门铃,梯子就在我的背后。

"门开了,我看到凯特惊讶地看着我。'在你开口说话之前,凯特,我要先对你说几句话,尽管我不知道该如何开口。首先,很抱歉在周日早上冒昧地打扰你,但我等不及了,我……我……'"凯特大笑道,'抱歉,卢,'她的身体倚在门柱上,'我知道你一定有话要说,不然你也不可能来这里,但是看到你扛着梯子出现在家门口实在有些出乎意料。来吧,让我帮你把梯子放下来。'

"'呃,关于这个梯子,'我说,'它是个非常好的创意。我永远都想不出来。我不知道我为什么要那样做,说实话,我甚至没有关注过这件事。'

"凯特不再笑了,开始认真听我说。'凯特,'我说,'以前的我真的很混蛋。你知道,每个人都知道。但直到两天前我才意识到这点,不然我永远都不知道。我现在真的明白了。看到自己对生命中最在乎的人所做的那些事,我胆战心惊。其中,就包括你。'

"她就站在那里听着我说。我不知道她在想什么。

"'我知道你找到了一份新工作,'我继续说,'我也不敢奢望你能回到查格茹——至少不是过去那样的查格茹。我到这里来是想郑重地对你说些事,如果你不想听,我会离开,再也不来打扰你。我已经知道自己的所作所为给大家带来多大的困扰,我觉得我有解决的办法。'

"她从门向后退了几步。'好的,'她说,'我听着。'

"在接下来的三个小时里,我尽最大努力向她讲述了我学到的和盒子有关的事,以及这些天发生的所有事。我讲得很差,"卢看着我,微笑着说,"不过我说了什么并不重要,她能够明白我的真实意思。

"最后她说,'卢,我还有个问题,如果我要回来工作,我怎么知道这不是临时的改变呢?为什么我要冒这个风险呢?'"

"她的话令我无言以对。'这是一个好问题。'我最后说,'我希望你不要担心。我都不太敢相信自己,何况是你呢?这就是我想和你说的,我需要你的帮助。'

"我向她说明了大概的计划。'我有两件事要做,'我告诉她,'首先,我们需要在公司里建立一套程序,帮助人们看清自己是否在盒子里、是否在关注结果。第二,也是最关键的,尤其是对我个人而言,我们需要制定一个能让我们关注结果、一直留在盒子外面的新体系:一种思维方式,一种管理模式,一种汇报形式,一种工作模式。因为走出盒子,'我告诉她,'我们就能取得更好的业绩。我们需要在查格茹公司建立这样的体系。'

"'具体怎样做,你有想法了吗?'她问道。

"'嗯,有一些。但我需要你的帮助,凯特,'我说,'共同努力,我们就能找出最佳的解决方法。没有人能比你做得更好。'

"她坐在那里,陷入了沉思。'我不知道,'她缓缓地说道,'我会好好考虑的。到时候给你回电话?'

"'当然,我会等待你的回电的。'"

24．重新起航

"可以想见，"卢说，"她最后给我打了电话，我又得到了一次机会。而这么多年来你所仰慕的查格茹公司其实就是这次机会的结果。

"我们重新开始的时候，也犯了很多错误。我们唯一做对的事情就是教会大家你这两天学到的内容。我们还不了解它在职场上的潜在影响，所以我们一开始只是讲解基本的观念。你知道后来发生了什么？它带来了巨大的改变。就像巴德这两天对你做的那样，仅仅是学习这些内容，就已经对公司里的员工产生了深远、强大的影响。我们知道它的效果，是因为我们会定期检测。

"在过去的二十多年里，我们更加注重将这些内容运用到具体的职业实践中去。如果一个公司能够走出盒子，它的员工就能够定义和发展出减少工作场合中自我欺骗的行为方式。如果人们能更多地为了同事和公司走出盒子，他们就能更好地合作。"

卢停下后，巴德接着说："我们的努力主要分为三个阶段，你这两天已经经历了第一阶段。这是我们最开始学到的，它有着无比巨大的力量，是接下来所有事情的基础。第二阶段和第三阶段在第一阶段的基础上，通过一个确定而系统的方式来帮助你锁定和完成目标——一个可以使自我欺骗最小化、公司利润最大化的'责任转换系统'。它能在很大程度上降低公司中常见的人际问题。"

"责任转换系统？"我问。

巴德点点头："在盒子里时，你关注的是谁呢？"

"大多数时候都是自己。"

"在盒子里时，你关注的是什么呢？"

我思考了一会，说："找借口为自己辩解。"

"那如果一家机构里的所有员工都希望自己能够为一个特定的、具体的结果负责呢？如果他们真的负起责任，那没有完成目标时，他们会为自己辩解吗？"

我摇了摇头："也许不会。"

"所以他们会更加注重结果，而不是为自己辩解。是吗？"

"我觉得是这样。"我一边回答，一边思考巴德为什么要说这些。

"如果这从本质上来说需要员工为他人着想呢？"

我没有立马回答。

"这样想吧，"他继续说，"如果每个人都关注其他人，那么谁是他们不会关注的人呢？"

"他们自己？"我大胆地猜想道。

"完全正确。一个在盒子里的企业，它的员工都只关注自己、为自己辩解。再想想那些人人都关注结果、为别人考虑的企业。"

"它们是走出盒子的企业。"我说。

"你说得很对。这正是责任转换系统要解决的事。我们会让大家关注结果、关注他人,养成规范的、持久的传统。企业里盛行的推诿之风将会被浓厚的责任和信任文化所取代。那些只关注自己、为自己辩解的人是不能留在这里的。"

"那你们把那些没能完成目标的人也当人看了吗?"我还没来得及阻止自己,话语就已脱口而出。

"让别人走是一种行为,"巴德回答说,"有两种方式可以完成这种行为。"

"我知道,我知道……"我试图为自己打个圆场。

"有时候,我们必须要遗憾地让某些人离开,"他没有停顿地说道,"需要离开的是人,而不是物体。二者完全不同。"

我点点头,我在查格茹公司的未来就建立在正确认识这件事的基础上。"所以,该怎样运用这个责任转换系统呢?"我问,"我迫不及待想进入第二阶段了。"

"不,"巴德微笑着说,"现在还不行。"

"还不行?"

"不行。尽管你已经明白自我欺骗大体上是怎么回事,你还不了解自己在哪个层次,还不知道自己在多大程度上无法关注结果。"

我感到自己的表情放松了下来。我意识到,昨天早上之后,那种自我防卫的感觉就消失了。这个想法似乎挽救了我,让我回到了那种开放的状态。

"其他人也和你一样，"巴德温和地笑了笑，"你很快就会明白的。事实上，我给你带了些阅读材料。一个星期后，我希望能和你再次会面，这大概需要一个小时。"

"好的，我很期待。"我说。

"一会儿就要开始工作了，"巴德补充说，"你需要重新思考你的工作，学会珍惜那些你不知道珍惜的事情，帮助你没有想过要去帮助的人，和那些你不知道要去沟通的人沟通。你将学会用深沉的、自律的方式承担责任。作为你的上司，我会帮你做到这些。而你，作为管理者也要知道该如何帮助你的员工做同样的事情，然后你就会发现没有比这更好的生活和工作方式了。"

巴德站了起来。"汤姆，所有这一切共同成就了现在的查格茹，很高兴你成为其中的一员。除了阅读，你还要做作业。"

"好的。"我思考着它会是什么。

"我希望你好好想想和查克·斯塔利一起工作的经历。"

"斯塔利？"我有些惊奇地问。

"是的，我希望你去想想，在你们共事的时候，你是否真的专注于结果。我希望你去想想，你是用包容还是用封闭的心态调整自己的行为的，你是否尽可能主动地学习；你在工作中是否肩负起了所有的责任，在遇到问题和麻烦的时候，你有没有推脱或逃避责任；你是迅速寻找解决问题的方法，还是为问题寻找不成立的借口；你是否赢得了你身边的所有人——包括查克·斯塔利的信任？

"思考这些问题时，我希望你能记起我们曾经讨论过的话题。"

巴德从手提箱里拿出了什么,"汤姆,一知半解是危险的。你同样可以用你学到的东西责备他人。仅是知道它的内容并不能帮助你走出盒子,实践才能帮你解决问题。用它去分析别人,并不是真的运用。相反,仅当我们用它帮助我们分析怎样才能更好地帮助别人——甚至是查克·斯塔利时,我们才真正运用了它。

"当你试图去实践的时候,你需要记住这些事,"他把一张卡片递给了我。

上面写着:

认知材料

- 自我背叛会导致自我欺骗和盒子;
- 在盒子里时,你无法专注于结果;
- 你的影响力和成就取决于你是否走出了盒子;
- 当你停止抗拒他人的时候,你就走出了盒子。

实践材料

- 不要试图变得完美,努力去变得更好;
- 在别人了解这个概念之前,不要用"盒子"这样的词;
- 在自己的生活中贯彻这样的原则;
- 不要寻找他人的盒子,寻找你自己的;
- 不要抱怨别人在盒子里,努力让自己留在盒子外面;
- 当你发现自己曾经在盒子里,不要放弃,继续努力;
- 如果你曾经在盒子里,不要否认这点,学会道歉,然后继续向前，努力在今后更多地帮助别人；
- 不要关注别人做的错事，关注你自己能做什么正确的事；
- 不要担心别人是否会帮助你，关心自己是否能帮助别人。

"好的，巴德。这很有用，谢谢。"我把卡片塞进自己的手提箱。

"当然，"巴德说，"很期待下周再见到你。"

我点点头，站起身来，转过头和卢道谢。

"汤姆，在你走之前，"卢说，"我希望能和你分享最后一件事。"

"请讲"，我说。

"我的儿子，科里，你还记得他吗？"

"记得。"

"在我和卡罗看着他坐车离开的两个月后，我们坐上了同样的客车去往那片荒野。在过去的两个多月里，那就是科里的家。我们准备去接他，和他一起住段时间，然后把他带回家。我从来没有这么紧张过。

"在那几个星期里，我经常给科里写信。项目主管会在每周二给孩子们送信。我把自己全部的情感都倾注到这些信里，渐渐地，科里就像初生的马驹小心翼翼地迈向小溪那样慢慢地对我敞开了心扉。

"通过这些信件，我才开始认识那个我从来不曾了解的孩子。他充满了疑惑，也有独到的见解。我对他内心的情感和思想的深度感到吃惊。最让我惊奇的是，他的随笔信里仿佛流淌着宁静的歌谣，治愈着一个害怕失去儿子的父亲。每封寄出去的信和收到的回信，都是一种治疗。

"距离约定地点还有几公里时我就开始设想见面的场景——一个心碎的父亲和一个疏离的儿子，他们差点再也无法走进彼此的内心。在这场可能影响数代的战争边缘，我们奇迹般地被拯救了。

"越过最后一个风尘弥漫的山丘，我看到几百米外的一群孩子，那是我所见过的最肮脏、邋遢的孩子——他们衣衫褴褛，胡子拉碴，头发看起来像两个多月都没有理过。距离不断拉近，人群中出现了一个孤独的男孩，那个即使沾满尘土和污垢却依然能被我一眼认出的瘦削轮廓。'停车，停车！'我冲着司机喊道，迫不及待地飞奔过去迎接我的儿子。

"他瞬间就奔向了我，一头扎进了我的怀里，泪水在他满是灰尘的脸上肆意流淌。在抽泣声中，我听到他说，'爸爸，我再也不会让你失望了，我再也不会让你失望了。'"

卢收起话头，沉浸在那个令人难忘的瞬间里。

"我才是那个让他失望的人，而他却觉得让我失望了，"他继续说道，语速放得更慢了，"我的心被融化了。

"'我也不会再让你失望了，儿子。'我说。"

卢不再说话，试图把自己从记忆里抽离出来。他从椅子上站起身来，用他那双温和的眼睛看着我。"汤姆，"他把手放在我的肩膀上，"那个让父亲和儿子、丈夫和妻子、邻居和邻居远离的东西，也会同样让同事和同事疏离。企业也会出于同样的原因像家庭那样分崩离析。发现这件事为什么会让我们如此惊奇呢？因为我在抗拒的同事，本身也是父亲、母亲、儿子、女儿、兄弟和姐妹。

"家庭和企业，都是人的组织。查格茹公司的每个人都知道这一点。"

"请记住，"他补充说，"直到走出盒子，加入他们，我们才真正理解那些在工作和生活中遇到的人——巴德、凯特、你的妻子、你的儿子，甚至是像查克·斯塔利这样的人。"

DECEPTION

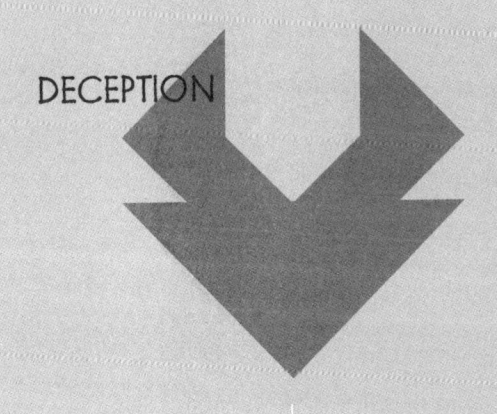

跳出盒子的实践

《别找替罪羔羊》的读者范围如此广泛，行业差异如此之大，令我们十分惊异。尽管被定位为职场书籍，读者们却能从这本书中学到看待生活的基本理念——不管是经营婚姻、抚养孩子，还是在职业生涯中取得成功和快乐。不管是在工作中还是在家庭里，对其的运用是广泛而多元的。

能从读者们那里听到他们关于这本书的不同反馈，是非常有意思的事。我们发现它的很多运用都可以被归纳到人际和组织关系中的五个领域中。

第一个运用领域是招聘。很多机构都把这本书当作人事招聘的重要组成部分。他们要求应聘者阅读这本书，发表自己的阅读体验和感悟——这是他们判断应聘者能否成功的重要因素，也常常是普通招聘中最难衡量的部分。

第二个运用领域就是人家很容易想到的领导力和团队合作。这点在书中描述得很清楚，一个人能否走出盒子面对他人，能够反映出他是否具有团队合作和领导他人的能力。这在家庭中也同样成立。

第三个运用领域是冲突调节。仔细思考一下你就会发现，每项争执都源于某个人的过错。这意味着如果某个人不能打破自身的局限性、认真思考自己的责任和过错，矛盾就永远不可能有解决的办法。这点在工作中和在家庭里同样成立。

第四个运用领域是本书最后部分所展现的。自我欺骗的解决建立在公司坚实完善的责任承担机制上。一旦走出盒子，人们就不再需要逃避或者推卸责任了。走出盒子会让整个公司上升到积极主动、勇于承担的境界，而这种境界是在盒子里永远无法企及的。

最后一个领域是人们通常所说的个人成长和自我发展。走出盒子会改善生活中的一切——例如，对他人的看法、对自己的感受、对未来的规划，以及现在的改变。正因如此，这本书在私人教练、咨询顾问和心理咨询师中亦广受欢迎。

总的来说，人们对这本书的诸多运用可以归纳到五大领域中：（1）招聘选拔和测试；（2）领导力和团队建设；（3）解决冲突；（4）责任转换；（5）个人成长和自我发展。我们会在下面用一些例子来详细说明这本书是如何运用到这些领域中的。

招聘选拔和测试

很多公司会在他们的招聘流程中运用这本书。作为招聘的一个环节，应聘者被要求事先阅读这本书。面试官会强调这本书的重要性——能够教会大家把人当人看以及专注于结果。他们强调，把别人当作物体、不为他人考虑的行为是绝对不允许的，是会在测试中被直接淘汰的。在正式录用之前就给应聘者传递出明确的信号，能够帮助面试官更有效地淘汰那些不愿付出、不愿走出盒子的人。

一位客户这样描述本书的作用：

> 我们要求所有的应聘者都必须仔细阅读《别找替罪羔羊》，并且准备在第二轮面试中讨论。我们尤其会要求他们分享阅读这本书时的感想和发现。这会帮助我们更快地评价他们是否会把自己的付出当作负担，以及他们会如何与同事相处——这是对他们在公司能否取得成功的关键性预判。通过这种方式，我们业务领导的招聘失误率在业内保持着较低的水平，而这恰恰是我们成功的标志性原因。阅读这本书，可以帮助我们更好地指导管理者看清应聘者可能的抵触倾向，避开那些充满抵抗情绪、夸大自身贡献、喜欢抱怨、骄傲自满的应聘者。我们非常看重这点，因此我们考虑将《别找替罪羔羊》运用到"研究生水平"的管理培训上，以确保我们的业务部门负责人掌握这个至关重要的招聘技能。

领导力和团队建设

不计其数的公司向我们反映，在和员工分享《别找替罪羔羊》这本书后，整个公司的团队协作都有了巨大的提升。有些公司要求或鼓励员工读这本书，而有的则要求特定级别的管理者阅读。有些公司会组织正式或非正式的讨论小组，同事们可以互相帮助把这些想法运用到实际工作中去。很多公司还希望获得亚宾泽协会的帮助，我们也会帮助他们培训员工，进行领导力和团队协作方面的指导和教学。

最终结果令人惊叹。从生产线上的工人到跨国企业的总裁，大家都在讲述本书如何完全改变了他们看待自己和他人的方式，以及他们和团队之间的协作。很多人向我们讲述，他们的CEO或直接领导是如何像书里的卢那样改变了自己。一位公司管理者写道："我们不想再被困在盒子里了，现在即便进入盒子，我们也会比以往更快地走出来，因为我们意识到了这些隐藏在盒子里的故事。会议中的争议少了，大家对彼此都更有耐心。它就像油，流过了所有人，也润滑了整个公司，让我们能够更加诚实地面对自己、尊重他人。"

一家公司给我们写信，讲述他们是如何招聘新的业务部门经理的，他们也把自己代入到书中巴德和汤姆的故事里。他们和《别找替罪羔羊》中的人物一样把这些会面叫作"巴德会面"。在这些会面中，他们向员工传授自我欺骗的理念及其对工作的影响，强调对工作成果而不是自我辩解的关注。他们沿着本书的思路，引导他们的员工真正去关注结果。

这本书对团队合作和领导力的建设并没有仅仅停留在公司层面。

阅读过这本书的人通常也会把它带回家，和自己的家人一起分享。家人经常一起阅读，并把自己的思考带入家庭实际出现的问题中。我们经常听到人们说他们的家庭生活也因这本书而改变。

有的事听起来甚至有些极端：一位管理者说这本书甚至拯救了他的儿子，一位饱受抑郁之苦的患者说这本书挽救了他的生命。一位总经理在读完这本书后写下了这样一段话：

> 我很担心我的言语不能描述这3小时的阅读给我的生活、领导力和未来所带来的巨大影响。但我不得不告诉你，在我的人生中很少有这样因阅读而脱胎换骨的时刻，今天我实实在在地有了这样的感受。这本书是如此令人信服以至于我一进家门就迫不及待地把这本书递给了我的妻子，我也觉得要和整个团队来分享它。我准备组织自己的团队一起阅读并讨论这本书。我自己可能会反复看好几遍，尽管如此，我仍然担心自己像汤姆一样，不能完全领会其中的深意。

这样的例子我们还可以列举很多，譬如人们是如何运用这本书来维系感情、增进合作的。使用这本书时，我们需要记住：这本书的书名看起来就像一种指责。从这个角度上讲，当你想把这本书分享给某人的时候，你可以这样说："这里有一本书，可以帮助你应对特别混蛋时的我。"在这样的语境下，就没有任何指责的意味了。人们会做好准备阅读和学习这本书。

解决争执

美国某个大城市的警察局运用《别找替罪羔羊》以及它的延伸图书《解剖和平》里的思想，彻底改善了他们在面对公共突发事件时的沟通和互动。例如，在缉毒时，他们意识到自己行为的重要性，也把别人看作平等的人。他们会迅速安抚公众的恐慌，维持秩序，稳定局面，将事件对普通民众的影响最小化，与此同时确保迅速达成行动目标。

这个方法综合了《别找替罪羔羊》里的"走出盒子"，以及《解剖和平》里的"和平金字塔理论"。例如，破门逮捕嫌犯时，警察会顾及嫌犯和其他在场人员的需求。他们需要谁，他们是否需要上厕所，他们是否舒适，警察能为他们做点什么？诸如此类。自从他们开始把遇到的人——甚至是嫌犯——当人看，对警察行为的投诉率就开始显著下降，直至接近于零。尽管这种做法可能跟民众平时见到的相比有些戏剧性，法律执行力的确有所增强。

很多需要处理调停案件的法官也在调停之前要求争执双方阅读《别找替罪羔羊》和《解剖和平》。我们听说过很多被调解人的事例，他们在阅读本书后都表现出了更多的包容，达成的和解增加了。尽管有时事情不会这么顺利，但书中的理念确实促进了交流和理解，让调解更加顺利有效。另外，法官和调解员都觉得即便被调解的双方纠缠不休，案件迟迟没有进展，本书也能帮助他们减少焦躁情绪，留在盒子外面。这些专业的法官发现，是否走出盒子是决定调解技巧能否发挥作用的关键。

本书的用武之地并不仅限于调解，它也可以被广泛运用于司法的其他环节。一名从业人员写道："这些理念能够帮助客户，用非法律的途径来解决之前不可能解决的问题，又或者，这些理念能够帮助客户理解协商的重要性，通过多方对话将事情拉回正轨。"还有一个类似的案例，在读过《别找替罪羔羊》和《解剖和平》之后，一位 CEO 向他们公司正在起诉的供货商建议，尝试用协商来解决问题。最后，他们不仅未经诉讼就解决了问题，还决定继续合作！

本书在解决争端方面的用途当然不仅局限于司法领域。例如，我们常常听到人们谈论自己的婚姻是如何被这本书拯救的，又或者，这本书是如何让人们与自己的领导和同事和解的。一个学校的老师们说，这本书让他们原本充满矛盾的工作环境变得友善、团结，而这仅仅是因为每个人都读了这本书，大家在一起分享了阅读本书的感悟和心得。同样，一个美国大企业的负责人让工会里存在争议的利益双方阅读这本书，从而成功地解决了一项耗资巨大的劳资纠纷。

这本书之所以能有如此巨大的能量，就在于它帮助读者们了解到自己是如何促使别人去做那些他们不希望对方做的事。这就是自我欺骗的核心解决方案——让每个人发现自己未曾知觉的问题。这种觉悟让争执的解决成为可能。

责任转换

管理者们经常会使用这本书帮助那些不做出重大改变就要失业的员工恢复状态。在很多情况下，这本书帮助这些员工看到自己从来没有发现的问题，并采取正确的方法挽救自己的职业生涯。

例如，一个 50 岁的老员工在同一家公司工作了约 30 年。尽管他很有才华，人际问题却成了他升职路上的绊脚石。多年未获提升让他变得愤世嫉俗。最后，一个比他年轻十岁的人成了他的领导，这令他恼羞成怒。他的前上司给了他一本《别找替罪羔羊》，希望他能看清自己到底是什么样的人。

他读了两遍。读第一遍时，他觉得这本书无视了很多公司都有的、至关重要的办公室政治；读第二遍时，他开始明白自己也要为自己的遭遇承担一定的责任。他开始询问身边共事多年的同事，问他们和自己工作时的感受，以及他对身边人的影响。和往常不同，他只是虚心地倾听，并没有极力为自己辩护。他为自己所听到的感到震惊，开始明白自己要为责怪他人造成的恶果埋单。

之后，一个历史业绩极差的团队暂时空缺了领导职位。于是，他主动请缨。入职第一天，他就告诉自己的团队："我可以向你们保证，我会尽可能把你们看作平等的人。你们可以记住这句话。如果我没有做到，请你们告诉我，好让我做出改变。"这个团队在第一个月就打破了生产记录。第二个月，他们成了全公司唯一一个实现了业绩目标的团队。他们每个月都在不断提升，这位老员工的同事们都在想这到底是怎么回事。

之所以会发生这样的转变，是因为这个人开始为自己的行为负责，而不是等待他人为自己承担责任。这个简单的改变，让所有事都发生了颠覆性的变化。这就是《别找替罪羔羊》所倡导的改变。

在这种精神的指引下，一位 CEO 在读完《别找替罪羔羊》之后主动辞职，并找到一个更适合的人来接替自己。还有一位 CEO

弄丢了一份备忘录，他没有让整个部门成为替罪羊，而是向全公司的员工承认了自己的错误，承担了所有的责任。自此以后，员工用极大的热情和付出表达了对他的崇敬和支持。

这本书也让一位 CEO 找到了解决公司问题的新方法。以前，他会直接找到那个他觉得犯下错误、惹下麻烦的人，但是现在，他开始思考自己是否要为这个错误承担责任。他召开了一个会议，让所有参与这件事的人坐在一起，一步步排查问题的根源。他首先剖析问题，然后指出自己可能导致问题的所有行为，最后提出可能的解决方案。他邀请每个人做同样的事情。找到问题最直接的负责人时，这个人会公开为自己的错误道歉，并提出解决方案。通过这种方式，所有管理者都不再简单地把责任推到他人身上，而是认真地反思自己身上存在的问题和要背负的责任，那些积压数年的问题甚至在一个晚上就全部解决了。这现在已经成为该公司解决矛盾的基本模式。

公司里的每个人都能承担责任是所有管理者的追求和梦想。过往的经历告诉我们，如果想把承担责任的梦想转化为实际的行动，就必须由领导者首开先河——不管这个领导者是 CEO、部门经理、生产线负责人还是父母。领导者最有效的领导方式就是：自己要比其他人背负更多的责任。

个人成长和发展

《别找替罪羔羊》最早是由个人和领导力培训专家发现和研究的。现在这本书已经成为很多培训项目的指定用书，因为教练们发现这本书是帮助学员个人成长的有效工具。这本书同样也被心理咨询师、治疗师广泛使用，因为心理健康专家们会发现书中的模式能够有效提升课程效率。

这本书同样也被很多大学和商学院作为基础教材。书中的理念为多门学科提供了理论基础，如人类学、经济管理、组织行为学和心理学等。

美国一所著名的医学院要求所有一年级新生在迎新指导时学习这本书。教职工会和学生共同完成一个两小时的课程，讨论这本书里的概念以及与他们的职业发展。

另一所大学则为《别找替罪羔羊》和《解剖和平》开设了一门辅助课程，用来帮助学生们进行跨文化合作。

很多治疗团队会为客户的家人提供这本书的复印版，让他们送给自己的儿子、女儿和其他至亲，以便亲属之间更加健康地互相关心和照顾。

我们经常收到读者的反馈。这些互动表现在很多方面。例如在日本，很多城市都有"走出盒子"的俱乐部，为那些想要帮助彼此的人提供活动场所。美国多所大学都有名为"亚宾泽大学"的组织，把学生聚在一起讨论这本书的内容。

译后记

这是一本意象简单却又意蕴深远的书。

没有跌宕起伏的故事情节，没有复杂立体的人物刻画，整本书以一场谈话为叙事图景，深入浅出地将心理学探讨融入到现代经理人汤姆日常生活工作中。"我"，一位刚刚跳槽到行业巨头的中层管理者，汤姆·卡勒姆，参加了公司久负盛名的任职特别仪式：与公司高层的会面。在这场特殊的对话中，大家回顾自己在工作和生活上遭遇的困境，以个体的"内在世界"为参照，挖掘出"自我欺骗"这个每个人都曾有过的问题。

对于大多数读者来说，这个概念也许听起来有点陌生。然而，作为一种社会和心理现象，自我欺骗在人类社会中亘古有之、比比皆是。"掩耳盗铃""吃不到葡萄说葡萄酸"等大众耳熟能详的故事就反映了这种真实的困境——我们只相信自己愿意相信的东西，并通过自我辩解来抵抗外在世界。

有趣的是，不论是否自知，大家在工作和生活中时刻都在自我欺骗。我们抱怨沟通的不畅，苛责他人的不足，抱怨生活的不公。但这只是突显于表面的问题，其终极根源我们却鲜少追问。就像19世纪的维也纳医生塞梅尔维斯，我们试图消灭痛苦，却不知道自己才是那个携带"病菌"的罪魁祸首。

阅读这本书,就像是剥洋葱——一层层剥离自我欺骗的虚幻外衣,重新审视自己的内心。我们会发现,我们是如何经过"自我背叛""自我辩解""共谋"等过程一步步走进"盒子",陷入自欺困境的。在书中,作者提供了一系列解决问题的路径,引导人们在实践中认识问题、解决问题。

在本书的最后,作者这样写道,"走出盒子的办法永远都在我们眼前。"走出思维盒子,迈向崭新生活,就从阅读这本书开始。

王一冲

图书在版编目（CIP）数据

别找替罪羊：如何跳出自欺欺人的思维盒子/美国亚宾泽协会著；王一冲译. -- 南昌：江西人民出版社，2018.11

ISBN 978-7-210-10808-5

Ⅰ.①别… Ⅱ.①美…②王… Ⅲ.①思维方法 Ⅳ.①B80

中国版本图书馆CIP数据核字(2018)第220611号

Leadership and Self-Deception
Copyright © 2010 by Arbinger Properties, Inc.
First published by Berrett-Koehler Publishers, Inc., Oakland, CA, USA. All rights reserved.
本简体中文版版权归属于银杏树下（北京）图书有限责任公司。
版权登记号：14-2018-0236

别找替罪羊：如何跳出自欺欺人的思维盒子

作者：美国亚宾泽协会　译者：王一冲
责任编辑：冯雪松　特约编辑：李峥　筹划出版：银杏树下
出版统筹：吴兴元　营销推广：ONEBOOK　装帧制造：墨白空间·曾艺豪
出版发行：江西人民出版社　印刷：北京天宇万达印刷有限公司
889毫米×1194毫米　1/32　6.25印张　字数129千字
2018年11月第1版　2018年11月第1次印刷
ISBN 978-7-210-10808-5
定价：38.00元
赣版权登字 -01-2018-791

后浪出版咨询(北京)有限责任公司常年法律顾问：北京大成律师事务所
周天晖 copyright@hinabook.com
未经许可，不得以任何方式复制或抄袭本书部分或全部内容
版权所有，侵权必究
如有质量问题，请寄回印厂调换。联系电话：010-64010019